"互联网+"时代的
电子商务研究

王从辉　著

电子科技大学出版社
University of Electronic Science and Technology of China Press

·成都·

图书在版编目（CIP）数据

"互联网+"时代的电子商务研究 / 王从辉著. —
成都：电子科技大学出版社，2024.10
ISBN 978-7-5770-0529-4

Ⅰ．①互… Ⅱ．①王… Ⅲ．①电子商务—研究 Ⅳ．
①F713.36

中国国家版本馆 CIP 数据核字（2023）第 168465 号

"互联网+"时代的电子商务研究
"HULIANWANG+" SHIDAI DE DIANZI SHANGWU YANJIU

王从辉　著

策划编辑　张　鹏
责任编辑　张　鹏　龚　煜
责任校对　魏祥林
责任印制　段晓静

出版发行　电子科技大学出版社
　　　　　成都市一环路东一段159号电子信息产业大厦九楼　邮编　610051
主　　页　www.uestcp.com.cn
服务电话　028-83203399
邮购电话　028-83201495

印　　刷　成都金龙印务有限责任公司
成品尺寸　185mm×260mm
印　　张　8.5
字　　数　174千字
版　　次　2024年10月第1版
印　　次　2024年10月第1次印刷
书　　号　ISBN 978-7-5770-0529-4
定　　价　48.00元

前　言

　　"互联网+"是互联网思维的进一步实践成果,诞生近十年来,极大推动了社会经济形态的优化升级,有效激发了社会经济实体的生命力,为各行各业的改革、创新、发展提供了广阔的平台。《2015年国务院政府工作报告》中首次提出了"互联网+"行动计划,报告中提出"制定'互联网+'行动计划,推动移动互联网、云计算、大数据、物联网等与现代制造业结合,促进电子商务、工业互联网和互联网金融健康发展,引导互联网企业拓展国际市场"。《2022年国务院政府工作报告》中再次强调"全面推进'互联网+',打造数字经济新优势"。

　　当前,我国"以国内大循环为主体、国内国际双循环相互促进的新发展格局"正加快形成,"互联网+"利用信息通信技术以及互联网平台,让互联网与传统行业进行深度融合,创造新的发展生态,新零售、网络直播、移动支付等互联网热门领域将不断培育消费市场"新动能",助力消费"再升级"。在"互联网+"时代,传统企业将自身业务与新一代信息技术相结合,充分发挥互联网的共享优势,凸显其在社会资源配置中的优化和集成作用,将互联网的创新成果深度融合于经济、社会各领域之中,提升全社会的创新力和生产力,形成更广泛的以互联网为基础设施和实现工具的经济发展新形态。

　　本书立足电子商务行业,系统阐释了"互联网+"时代的电子商务发展基本原理、现状和趋势,在概述了"互联网+"时代的电子商务基本概念与原理后,对"互联网+"时代的电商营销模式构建、网络支付、物流与供应链等进行了详细论述,着重阐述了"互联网+"时代的新媒体营销与网络零售;最后,本书还探讨了大数据、AI大模型、云计算等新兴技术对电子商务发展的影响。总体来看,本书结构完整,层次清晰,系统阐释了电子商务的现状及发展趋势,对从事电子商务的相关人员有一定参考价值。

　　由于作者水平有限,书中难免存在不足,敬请广大读者批评指正。

目　录

第一章

电子商务基本概述

第一节　电子商务的概念

电子商务作为一种全新的商业运作模式，经过近三十年的发展，已经深刻影响到了几乎所有行业，无论是企业、消费者，还是政府、银行等，其业务模式都在电子商务发展的浪潮中发生了深刻的变革。

一、什么是电子商务

（一）电子商务的定义

关于什么是电子商务，很多学者和机构都从不同的角度予以定义过，其中比较著名的有以下几种观点。

（1）美国通用电气公司的定义：电子商务是基于电子技术开展的商贸活动。该定义比较侧重电子商务在数据交换、互联网等技术在企业间的应用。

（2）经济合作与发展组织（OECD）则认为，电子商务就是以电子数据处理和信息技术为基础，将图、文、声、像等媒体数据上传到网络平台供交易双方浏览，并以电子化为主要手段的商业活动。该定义比较强调电子商务活动中的商务性。

笔者认为，电子商务可以直观理解为是利用电子手段进行的商务活动，其中包含着电子和商务两个部分，电子是所采用的技术或手段，而商务才是核心的目的，一切的技术手段都是为了达成目的而产生的。所以，我们可以简单地定义电子商务就是利用电子手段开展商务活动，或者说电子商务就是利用包括互联网在内的各种电子技术手段，实现的一切商务或业务活动流程的电子化。

(二) 电子商务的内涵

要准确理解"电子商务"概念的内涵，首先要清楚商务活动的内涵与构成，然后再把商务活动与合适的电子手段相结合。电子商务不仅包括企业面向外部的业务流程，如网络营销、电子支付、物流配送等，还包括企业内部的业务流程，如企业资源计划、管理信息系统、客户关系管理、供应链管理、人力资源管理、网上市场调研及财务管理等。简言之，电子商务是指在互联网上进行的商务活动，商务解决做什么的问题，电子则解决怎么做的问题。

基于此，笔者把电子商务的含义分为狭义和广义两种。狭义的电子商务又称为电子交易（electronic commerce，缩写为EC），是指人们利用互联网进行的以商品交易活动，其核心内容包括网络营销、电子支付、电商物流、售后服务。广义的电子商务又称为电子业务（electronic business，缩写为EB），是指各行各业，包括政府机构和企事业单位各种业务的电子化、网络化，即使用包括互联网在内的各种电子化的手段处理组织内、外部的各种业务活动。

EB包含的内容比EC大，不仅有网上交易，还包括供应链管理（SCM）、客户关系管理（CRM）、企业内部管理等。下面，笔者从电子商务概念中包括的电子和商务两个要素对比EC和EB，见表1-1所列。

表1-1　电子交易和电子业务的对比

	电子交易	电子业务
电子	主要是互联网技术	包括WEB技术等各类互联网技术，以及其他所有信息技术
商务	买卖双方的交易活动，核心是支付、营销、物流等	包括买卖双方的核心交易活动，以及其他所有如采购、生产、人事、财务等企业业务活动

二、电子商务的分类

了解电子商务常见的类型，有助于笔者从不同角度更深入了解电子商务的含义，同时也是学习其他电子商务知识所必不可少的基础。下面，笔者就介绍两种最常见的分类。

(一) 按交易参与对象的身份类型分类

通过前面的定义介绍可以知道，电子商务的核心内容是电子交易（EC），而交易是以买和卖双方为核心主体的，买、卖双方的身份一般有消费者（consumer）、商业机构或企业（business）和政府（government）等机构。这种按照交易双方的身份进行划分的电子商务分类，是我们最常用到的分类方式。

1. 企业对消费者模式（简称 B to C 或 B2C 模式）

B2C 模式电子商务类似于网上商场或网上超市，其交易中的卖家 B 必须是工商登记的企业，而买家则是普通的个人 C，其典型代表平台如京东、天猫等。在这些平台上，企业借助平台在线销售商品，消费者通过搜索和浏览商品详情了解商品信息后直接在线购买，其支付手段通常采用在线支付、信用卡支付、借记卡支付、货到付款等。

2. 企业对企业模式（简称 B to B 或 B2B 模式）

B2B 模式电子商务的买、卖双方均为注册企业，相对于其他带有 C 参与的模式来说，该模式一般为"大宗交易"，有着金额大、耗时长、安全要求更高的特点。这种模式的电子商务目前仍然占据着电子商务交易额的主体，在我国最具代表性的 B2B 模式电子商务平台有阿里巴巴（1688.com）、中国制造网等。

事实上，B2B 模式电子商务有着更悠久的历史和广泛的参与度，包括通过专用网络进行的电子数据交换等，这种类型的电子商务不仅涉及买卖双方，还有可能涉及相关的行业部门，如银行、认证中心、政府、保险公司、物流中心等，对于跨国 B2B 交易，还需要涉及海关、商检、担保、外运、外汇等部门，必须有有机的合作和实时响应，才能有效完成交易。交易涉及的部门越多，电子商务的快捷高效优势则越明显。

3. 个人对个人模式（简称 C to C 或 C2C 模式）

C2C 模式电子商务就是个人卖家在线卖东西给个人消费者的交易方式，也可以称为 P to P 或 P2P 模式，其典型代表就是淘宝集市、E-BAY 等。这种模式的电子商务，因为卖家作为个人无须工商注册，其电商平台注册手续和担保简单，意味着卖家在交易中的违约成本低，买家也存在类似情形，所以在 C2C 模式电子商务中，往往存在着更为严重的信任危机，于是在 C2C 模式的交易中，就需要使用可信任的第三方支付工具（如支付宝等）来解决最核心的资金安全问题，从而更好保障买卖双方的权益。

（二）按交易标的物的类型分类

1. 直接电子商务

直接电子商务的交易物品一般为无形商品，标的物的交付不用通过线下物流，可以直接在线完成交付，比如在线看电影、购买音乐或在线购买服务等。直接电子商务因为不用物流，所以有着更快速、更简便、更经济的特点。

2. 间接电子商务

间接电子商务的交易物品则是实体商品，需要在地域空间上予以物流送达。间接电子商务是当前电子商务交易的主流类型。

三、电子商务的作用

电子商务作为一个战略性新兴产业，在改变经济增长方式、促进产业转型升级和发展流通现代化方面有着重要作用。它也是刺激国内需求、增加消费和刺激就业的重要手段之一。近年来，在企业和政府的共同推动下，电子商务保持了快速发展势头。

（一）电子商务将传统的商务流程电子化、数字化

电子商务重新定义了传统的流通模式，减少了中间商，允许生产者和消费者之间的直接交易。一方面，电子商务正在用电子物流取代实体物流，这可以大大减少人力和物力资源，降低成本；另一方面，电子商务突破了时间和空间的界限，使商业活动能够随时随地进行，大大提高了交易效率。电子商务是开放的、全球化的，为企业创造了更多的商机，为社会各种经济因素的整合提供了更多的机会，甚至影响了整个社会的经济结构，彻底改变了传统的商业形式。

（二）电子商务促进产业升级

电子商务扩大了在线经济的空间，促进了互联网、经济和社会的一体化发展。可以说，电子商务的加速发展已成为政府的一项重要战略部署和工作要求，电子商务肯定会开辟更广阔的发展前景。电子商务不仅促进了传统专业市场的发展，而且为其升级和优化提供了坚实的支持。电子商务促进经济转型升级的作用体现在以下四个方面。

（1）从经济内生动力层面来说，电子商务拉动了经济发展，促进了中小企业和个人的创造力提升。

（2）从提高经济增长的效率来说，电子商务使内生经济增长的动力和效率得到提高。这种增长主要是针对新兴行业以及一些服务业而言的。

（3）从对外开放的角度来说，跨境电子商务通过电子商务的发展得到了促进。

（4）从平衡社会发展来说，电子商务受到了国家的特别重视。我国东部地区和西部地区之间经济发展的差距较大，互联网与电子商务的发展使这一差距逐渐缩小。

从这四个方面来看，电子商务对经济转型升级起到了明显的作用。电子商务的发展重点推动了制造业升级。制造业升级为高端制造业，需要电子商务以定制化、高端化、智能化的方式来发展。另外，电子商务促进了传统服务业升级，使其从早期的物流业发展成现代物流业。医疗健康、教育等都在因电子商务发展而受益升级的产业之列。传统的金融行业及农业都因电子商务而产生了根本性变革。

（三）电子商务降低成本

电子商务突破了时间和空间的界限，降低了营销、劳动力和物流成本，扩大了买家和卖家的市场空间，改变了公司开拓市场和商业模式的方式。发展电子商务是中小企业降低成本、稳定和扩大市场的有效手段。电子商务可以充分利用社会化生产的优势，缩短生产和消费之间的距离，克服市场信息不对称的困境，降低交易成本，扩大交易范围。电子商务在促进区域农业和工业经济发展方面发挥着重要作用，是改善营

销的有力手段。以工业企业为例，电子商务在降低企业成本方面有以下四个表现。

1. 降低采购成本

通过与供应商建立电子商务，公司可以实现在线购买的自动化，从而减少双方在交易中投资的人力、物力和财力资源。此外，采购公司可以整合其内部采购系统，统一供应商采购，批量采购并获得折扣。

2. 降低库存成本

企业可以通过与上、下游企业或消费者之间建立系统的方式，以高效的信息流实现"以销定产"和"以产定供"，这将有助于极大提升物流运转效率，极大节约了库存成本和在途物料成本。

3. 节省周转时间

电子商务系统还有效地连接了企业与供应商、企业与消费者，实现了企业与各方直接沟通的便捷、高效，实现了直接交易，从而减少了中间环节和周转时间。

4. 增加市场机会

企业通过互联网开展营销，扩大了与潜在顾客之间的联系，而互联网也为售后客户关系维护提供了互动性与便利性，既可以有效覆盖原来难以通过传统方式触达的消费市场，也更有效地维护了老客户，从而为企业带来更多的市场机会。

（四）电子商务加速商品流通

商品流通业是由相关部门与各种流通环节共同构成的庞大体系。从内容看，它是包含着商流、信息流、资金流和物流等内容的统一；就参与者而言，它包括批发、零售等企业的经营活动，也囊括了生产者的原材料或商品的采购与销售，以及仓储、运输、通信等部门的服务活动。流通与流通产业的发展变化是经济发展的主要标志，也为社会经济的发展创造了日益改善的循环条件。流通领域所发生的重大变革，与流通物质技术手段的发展更新是紧密相连的。电子商务提供高效的运营环境和技术支持系统，为商品流通提供坚实的技术支持，必将激发全面的创新和流通业深层次的变革。

第二节　电子商务的发展过程

人类在最初的业务活动中主要依靠人工来执行各种任务，包括内部业务管理的各个方面，以及在公司外部环境中对分散和无序信息的收集。公司之间的信息传输和交易完成主要基于单据和合同等纸质媒介。信息处理的工作量和速度很大，导致错误率高、资源浪费大、效率低。因此，人们将先进的电子技术引入商业活动，逐步形成无纸化的商业办公流程，大大简化了工作流程，提高了竞争力。

一、电子商务的发展

(一) 基于电子数据交换的电子商务

早期的电子商务形式是基于电子数据交换实现的，就是一方把单据等文件转换成公认的标准报文格式，然后用计算机传输到另一方，接收方计算机再将标准报文翻译成业务单据或文件。这种传输方法极大减少了纸张票据，实现了数据交换自动化，从而简化了业务流程，所以也被称为"无纸交易"。

电子数据交换起源于运输业，由于运输业货物和文件的交接频繁而缓慢，并且企业间交换的单据在每笔交易中几乎总是包含相同的内容，如产品代码、名称、价格和数量等。企业每次都要花费大量时间输入数据并将其打印出来，而交易中的另一方则必须重新输入数据。为了提高商业效率，人们开始尝试在贸易伙伴的计算机之间实现数据的自动交换，电子数据交换应运而生。人们使用翻译软件和转换软件将这些信息转换为标准报文格式，然后以电子数据进行高效信息交互，同时有效减少错误和重复录入工作，节省打印和邮电成本，简化流程并提高效率。

(二) 基于互联网的电子商务

随着互联网逐渐普及，其功能已从共享信息转变为传播信息，传统的商业活动也逐步发展进入互联网时代，电子商务已成为互联网应用的最大热点。起初，公司主要使用互联网的电子邮件功能进行日常业务通信。后来，公司利用互联网发布信息，让公众了解公司的详细信息，并通过网络直接访问公司的产品和服务，并运用互联网完成了交易流程。

二、电子商务系统的发展

电子商务系统是随着信息技术和计算机网络的发展与普及而逐渐发展的。从电子商务系统的结构和应用情况来看，电子商务系统的发展可以划分为以下三个阶段。

(一) 电子商务系统的初步形成阶段

随着万维网技术的成熟，大量的企业网站开始涌现。企业利用网络发布信息、宣传企业形象并提供售前、售后服务，这就是初步形成阶段的电子商务系统。该阶段的电子商务系统只能提供信息服务功能，不支持电子交易。

1. 初步形成阶段电子商务系统的体系结构

这个阶段的电子商务系统一般都基于万维网服务器的三层 B/S 结构（浏览器/服务器模式），客户端采用的是标准浏览器，服务器端是万维网服务器和数据库服务器，标准浏览器和万维网服务器之间的通信主要采用的是 HTTP（超文本传输）协议。企业可以利用HTML（超文本置标语言）、客户端脚本、服务器端脚本等技术，以网站的形式通过服务器来发布企业信息。但是，该阶段的电子商务系统仅限于企业信息发布和企业形象宣传，既不能对企业的核心业务进行处理，又不能进行在线交易。该阶段的电子商务系统几乎不与企业内部已有的管理信息系统相联系，所以它只支持企业价值链的部分环节，并没有完全支持企业的核心业务。

该阶段的电子商务系统发布企业信息的手段有两种：静态页面形式和动态页面形间。文件的内容是不会改变的。当浏览器向万维网服务器发出HTTP请求后，作为响应，万维网服务器就会向浏览器发送和创建完全相同的HTML文件。动态页面是发布之前就写好并存放于服务器上且包含服务器端脚本的文本文件。在运行期间，该文件的内容同样是不会改变的。但是，页面中的服务器端脚本在发往浏览器端之前需要经过服务器的处理，以形成一个新的页面。浏览器先向万维网服务器发出HTTP请求后，万维网服务器根据用户的请求来处理服务器端脚本，然后将处理结果插入并生成一个临时的HTML页面，最后万维网服务器将这个临时生成的页面发送至浏览器。

2. 初步形成阶段电子商务系统的功能

第一，为企业提供在网络上发布信息和宣传形象的手段。这项功能是该阶段电子商务系统的主要功能，也是电子商务系统的首要功能，目前和将来的电子商务系统都具有该功能。

第二，为企业提供基于网络的客户意见反馈渠道。该服务通常是以电子问卷调查或论坛的方式来提供的。

第三，使企业能够在网络上提供售后服务，拓宽了企业售后服务的渠道。例如，一些计算机硬件生产厂商在网站上提供硬件驱动程序，用户可以在生产厂商的网站上下载最新的硬件驱动程序。

第四，可以提供部分商品的网上交易，如信息类商品的购买、飞机票的预订等。

（二）电子商务系统的高速发展阶段

最初的电子商务系统主要是对企业商务活动进行辅助的，并不能用于完成企业的商品交易等核心业务活动。随着电子商务系统改进企业的商务模式、业务流程成为研究和开发的热点，电子商务系统的功能、体系结构和开发技术都发生了很大的变化，电子商务系统也进入了高速发展阶段。

1. 高速发展阶段电子商务系统的体系结构

此时常见的电子商务系统是四层B/S结构，客户端采用标准浏览器，服务器端是互联网服务器、应用服务器和数据库服务器。标准浏览器和万维网服务器主要用来表达处理结果，属于客户表达层的应用；应用服务器主要进行较复杂的企业核心商务流程的处理，属于业务逻辑层的应用；数据库服务器主要负责企业商务数据的管理，属于数据层的应用。

该阶段的电子商务系统已经与企业内部已有的管理信息系统连接成一个整体，不仅支持企业的品牌、产品等宣传，而且可以进行电子化交易，支持企业的生产与管理过程，使企业的内部生产、管理过程也可以通过网络进行。企业内部信息系统的服务对象不仅包括企业内部人员，还包括企业的客户。

2. 高速发展阶段电子商务系统的功能

在高速发展阶段，电子商务系统的功能在初步形成阶段的基础上有了较大的提升，主要发展出了以下两个功能。

（1）电子交易

一方面，电子商务系统相关的技术越来越成熟；另一方面，是认证中心（CA）以及安全电子交易协议的出现。这些新发展为电子商务系统开展交易提供了必要条件，所以，大部分电子商务系统开始支持电子交易功能了。

（2）支付结算

在认证中心和安全电子交易协议出现的同时，银行的支付网关也慢慢建立起来了，电子商务系统有了直接对接银行的接口，这为网上支付与结算提供了基础，很多电子商务系统慢慢发展出了可以在线完成支付清算的功能。

（三）电子商务系统的扩展阶段

电子商务可以说是现代信息技术，特别是网络技术在商业事务中的应用。电子技术在应用于商业领域的同时，也可以应用于政府、教育、军事和卫生等领域，进而形成了电子政务、电子教育、电子安全和电子医疗等应用。为了实现新的电子化，需要在相关机构或领域使用电子信息通信技术，特别是网络技术以建立相应的计算机信息系统，诸如电子政务系统、电子教育系统、电子医务系统等。在扩展阶段，电子商务的系统功能更加完善，一般包括网上订购、物流、网络洽谈、线上支付、网络银行、网络广告、网络调研、电子业务管理等功能。

三、全球电子商务发展的现状

（一）移动网络成为电子商务发展的主阵地

移动电子商务是通过互联网、移动通信等信息技术的整合，运用智能手机所开展的业务活动。高速发展的无线通信技术及其应用，为电子商务在各个领域的普及应用奠定了基础，与之相关的各种主体如电信运营商、软件开发、电商平台服务商等也在积极探索移动电子商务模式创新。目前，中国的移动网络基本上过渡到了5G时代，在5G通信高达1 Gb/s的强大通信能力加持下，高清图像、视频等得以普及应用，使得移动网络应用的领域和功能得到了极大的扩展，移动电子商务也变得更加方便、省时、高效。

（二）大数据和云计算技术带来新发展

自 WEB2.0 发展以来，用户成为互联网内容生产者。同时，随着移动网络应用的普及，海量的数据增长和积累，如各种视频内容、商品信息、交易数据和用户行为数据等。原有的数据库技术也随之发展进步，大数据和云计算的应用对企业的管理、运营、决策和消费者分析带来了深刻的变革。电子商务公司能够准确有效地掌握和分析消费者的个人偏好和消费习惯，制定适合不同消费者的营销计划，提高电子商务管理和服务质量，满足多样化的消费者需求。云计算自动管理和配置数据资源的能力可以有效降低设施运营管理的复杂性，提高大数据存储、计算和挖掘的效率。云计算消除了自动设置工厂基础设施和电子商务的成本，企业越来越多开始使用云计算的硬件设施和软件服务来提高储存、计算、协调的效率，同时采用大数据技术分析产品、价格、供应链和消费等方面的信息，以准确的数据分析提高交易效率，带来更高利润。

（三）"一带一路"倡仪推动跨境电商发展

我国提出的"一带一路"倡仪，成为近年来推动国际交流，增加各地区之间的经济来往的重要平台。在"一带一路"倡仪下，我国与沿线国家开展了基础设施、能源开发、贸易投资等多方面合作，同时发挥我国电子商务优势建立了新的贸易通道，也推动了我国跨境电子商务的高速发展。

近年来，我国跨境电商交易规模增长迅速，进出口贸易额也逐年攀升。据海关总署相关数据显示，2022 年我国跨境电商进出口总值为 2.11 万亿元，同比增长 9.8%；2023 年更是快速增长到了 2.38 万亿元，同比增长 15.6%。由此可见，我国跨境电子商务的快速发展，成为我国对外贸易的重要增长点。

（四）"互联网+"政策的大力支持

《2015 年国务院政府工作报告》中首次提及了"互联网+"概念。基于"互联网+"概念的普及应用，我国在云计算、大数据、移动互联、物联网等领域的创新进一步加快，相关技术在一、二、三产业的各个环节迅速应用普及。互联网的方便、快捷、高效及不受时空限制的特性，在各个行业结合后带来了产业转型升级的效果。当前，各行业有关"互联网+"的研究和应用不断推陈出新，而在电子商务领域的应用成就也显现了互联网在优化资源配置和创新集成方面的卓越贡献。以"互联网+"为引导的产业转型升级，业已成为了创新发展的重要方向，对我国经济社会的发展具有里程碑意义。

第三节 "互联网+"思维与电子商务发展融合

一、基于"互联网+"思维的电子商务融合发展路径

(一) 互联网金融

随着电子商务的发展，其对金融服务的要求将不断增长。因此，基于"互联网+"思维的电商融合发展，必须聚焦互联网金融方面，特别是银行金融服务、大数据融资和跨境结算服务。对银行金融服务的分析表明，对于以网上经营为主的电子商务企业的融资，银行需要重点更新传统的融资流程，以便更好地为这些客户提供金融服务。同时，由于电子商务企业的资产价值较低，传统金融服务对融资过程的限制也必须考虑在内。在新的金融服务体系的基础上，可以提高电子商务企业的融资效率，同时也可以实现对金融风险的预防和资金的合理化监管。

(二) 跨境电子商务

在经济全球化的影响下，跨境电子商务近年来迅速发展，改变了传统的跨境贸易模式。基于互联网的产品在各国的全球流通为消费者提供了极大的便利，企业产品的销售市场也扩大了。在电子商务发展的支持下，世界不同地区和国家之间的电子商务交流越来越频繁，全球电子商务中心正在逐步形成。跨境电子商务可以公开透明地呈现公司产品信息，客户可以使用互联网浏览、搜索和共享相关信息。对于传统的跨境贸易，跨境电子商务可以有效解决文化差异、提升沟通效率和减少支出成本。

在探索建立海外仓的过程中发现，跨境电子商务可以显著降低订单碎片化对电商企业运营成本的压力。跨境电子商务也可以把海关检验、汇率不确定性等因素的影响最小化，同时电子商务公司可以通过建海外仓的方式保证运输效率和基本收益。构建智能供应链配送平台可以解决信息不对称问题，可以让电子商务平台有效掌握供应链信息，可以让企业更好地适应市场变化和相关挑战。跨境电子商务的发展与物流的融合，必须有完善的政策法规和物流资源的优化配置作为支撑。进一步加强信息化建设，才能加强基于"互联网+"思维的电子商务一体化发展，同时还必须注重提高政府治理和服务效率，打造跨境电子商务品牌形象，建设信息化的国际物流渠道。

(三) 打造电子商务网络"生态圈"

目前，中小企业是全球电子商务不可或缺的一部分，但与处在"生态系统"顶端的大型电子商务公司相比，它们的竞争力更低。为了适应市场竞争，推进电子商务一

体化发展，中小电子商务企业应以"互联网+"为理念，结合"互联网+"，打造电子商务网络"生态系统"，摒弃单纯参与市场竞争的发展理念，从优化传统组织结构、改善物流配套、建设电子商务金融共同体三方面入手，利用资源集中效应支撑的集体优势，更好地适应市场竞争。

为了优化传统的组织结构，有必要找到创建具有整体特征的电子商务产业链的方法，以实现产业链上下游的全覆盖。组织结构的优化可以确保"生态组织"真正具有产业优势。为确保"生态系统"的稳定，骨干企业应成为组织结构的中心，以发挥凝聚力，更好地吸引中小型电子商务企业。为提升电子商务"生态系统"的物流支撑，应重视物流企业作为纽带的作用，加强与物流企业的合作，开展物流云建设。基于大数据平台的网络数据共享可以更好地服务于电子商务网络生态系统的创建。加强金融和银行机构的合作、构建互助融资平台是支持电子商务企业发展融资的手段，也是在"互联网+"基础上实现电子商务发展融合的基础。

二、基于"互联网+"思维的电子商务融合发展实践

在基于"互联网+"思想的电子商务发展实践中，也需要强调电子商务在不同领域的针对性应用。

（一）乡村振兴实践

以"互联网+"为基础的电子商务融合发展应用在乡村振兴方面，应积极致力于激活农村市场发展潜力方面的实践，突破单一市场发展的限制，加快市场资源的分配和整合，具体可以从以下三个方面为"互联网+"思维下的电子商务融合发展提供新路径。

加强电子商务乡村振兴对接机制建设。近年来，各地开展服务型政府建设，结合不同地区的资源优势将电子商务与乡村振兴战略充分结合，在"互联网+"思维下，开展电子商务产业化、规模化、多元化探索，实现规划理念、运营模式、管理制度的突破，逐步构建线上线下融合、跨界融合的产业链；构建产供销一体化的区域电子商务运营体系，真正实现"互联网+"思维下乡村振兴战略与电子商务的深度融合和全方位对接。

因地制宜的特色化与差异化发展探索。为确保电子商务更好地服务乡村振兴，要在"互联网+"的思路下，充分结合各地经济文化实际，开展特色化、差异化、品牌化的电子商务发展实践。对于农村地区的地方特色资源，要进行深入合理的商业包装，以满足消费者的多样化需求，辅以有针对性的乡村振兴战略和专项扶持资金、减税等优惠政策。因地制宜，打造一系列新颖、有特色、知名度高的优质农产品，同时促进餐饮、娱乐、观光旅游等相关产业的发展。

形成多方参与的电子商务发展机制。为进一步加强基于"互联网+"思维的电子

商务发展融合，更好地引导农民有序创业就业，也要推动农村电子商务与乡村振兴战略协调发展、深度融合。通过充分发挥地方政府职能，深入实施专项政策，构建共享共赢的新发展格局，电子商务可以更好地服务于乡村振兴。社会组织和地方政府需要加强合作与沟通，确保新型社会组织深入参与电子商务乡村振兴的探索。同时，促进现有业务和管理机制的创新和完善，辅以有针对性的市场引导和监管，提供多样化的电子商务就业机会和更高效的创业方式。推广电子商务返乡创业模式，还可以实现贫困人口的合理创业和充分就业，更好地实现乡村振兴的目标。

（二）旅游经济实践

近年来，中国旅游经济对 GDP 增长的贡献不断增加，旅游经济的发展路径和增长模式不断拓宽，电子商务与旅游经济融合的趋势不断加强。"互联网+"思维在旅游经济中的实践，可以更好地促进旅游电子商务的发展，具体来说，可以从三个方面入手：电子商务的带动作用、培育特色旅游品牌和电子商务的全过程融合。基于电子商务的带动效应，促进旅游与电子商务的融合发展，同时积极开发商务旅游、购物旅游、度假旅游、会展旅游、文化旅游等各种新业态。电子商务开拓的旅游经济发展新空间也可以充分践行"互联网+"思维。

基于近年来旅游服务企业供给侧结构性改革的探索，引入电子商务还需要注意行业自律、行业监管、行业创新，加强商业行为规范，以促进旅游企业特色化、集约化、规模化、品牌化发展。依托电商平台，智慧旅游的探索也需要引起重视。通过优势资源加强旅游企业与电子商务平台的合作，可以促进线上线下融合发展，真正形成优势互补、特色突出的电子商务旅游一体化产业链，更好地实践"互联网+"思维。

在培育旅游特色品牌的基础上，促进商业物流和旅游购物的发展，注重利用电子商务的优势更好地满足游客的多样化需求，优化他们的旅游体验。充分利用文化中心、商业中心等购物场所，实现旅游电子商务的持续发展。特色购物旅游的发展应以线上线下融合为支撑，各地区可以打造具有浓郁地方特色的电子商务品牌和旅游商业购物区。在关注旅游消费特点的基础上，可以将电子商务的优势与文化小镇、旅游目的地、乡村特色等相结合，促进电子商务旅游综合产品体系的建立和完善，从而不断扩大当地旅游的影响力和知名度。此外，还应结合"互联网+"思维创新旅游餐饮体验和住宿服务体验。

电子商务的全过程融合，需要与旅游经济现代化、专业化、标准化、国际化的需要相结合，构建有针对性的电子政务、服务体系、服务中心和安全保障体系，并结合渗透到电子商务中的"互联网+"思维，充分发挥网络化、信息化优势，在"互联网+"战略指导下，推动传统旅游企业转型升级，加强电子商务与旅游的深度融合。基于跨境电子商务的跨境旅游发展也需要得到重视，以充分增强旅游经济的影响力、创新性和驱动力，并利用电子商务带来的新活力和新功能，进一步支持旅游经济的发展。

（三）服装产业实践

服装行业具有普遍性、区域性、品牌化和两极分化的特点，承载着人们的审美观、价值观和对生活态度的理解。它属于连接现实消费和社会文化的行业，反映了现代人的消费观念和生活方式。

基于"互联网+"思维的电商发展与服装行业融合，可以从精准的市场定位、多品牌战略和电商渠道客户管理三个方面依托来推进。基于准确的市场定位，探索服装行业电子商务的发展需要突出服装品类、价格等方面的品牌特色。例如，在电子商务平台上推出新产品时，有必要合理选择关键字并适当调整价格。如果服装公司同时发展线上和线下业务，他们必须区分这两种渠道。为了更好地吸引在线用户，可以考虑推出专门供消费者探索的在线活动。在实施多品牌战略的基础上，有必要将服装行业的精细化发展趋势与服装品牌不断细分的消费市场相结合。为了满足消费者个性化和多样化的服装需求，服装行业电子商务的发展可以根据女装区、运动风格区和男装区探索不同的风格，实现风格多样化。品牌还可以根据设计、面料、宣传照片等方面分为高端和低端类别，以更好地满足消费者对品牌的追求。

基于通过电子商务渠道进行客户管理，探索服装行业的电子商务发展必须以客户浏览体验和关注度为出发点，确保产品的合理定价。产品定价和合理控制促销价格至关重要，应科学控制两者之间的差距。在实际操作中，还需要加强对产品发货、退货和转运的控制，确保对客户专业知识的培训，以便在整个过程中为消费者提供高质量的服务。

值得注意的是，以电子商务为基础的服装产业发展，不仅需要践行"互联网+"思维，还需要保证自身具备较强的设计能力和市场开拓能力，才能更好地适应个性化品牌服装发展的趋势，逐步开展个性化服务。如果服装设计理念能在此基础上更新，就能更好地满足不同地区、不同层次消费者的需求，服装企业的市场竞争力也能不断提高。

第二章

"互联网+"时代的营销模式

第一节　口碑营销与红包营销

一、口碑营销的模式

流量是电子商务的重要资源，它并不只是一个数字，其背后代表的是一个个网络用户。电商企业在面对庞大的网络用户群体时，不应该也不需要始终占据绝对主动的地位，相反，更应该承认消费者的发言权。因此，无论团队采用何种推广方式，都应满足消费者自身的需求，在双向平等互动的基础上进行口碑营销。

（一）制造谈论者

无论如何，要有人开始谈论产品和品牌，才会有口碑营销模式。微信和微博中的初始粉丝就是谈论者，他们会因为个人的爱好、兴趣而传播产品信息。

谈论者属于市场中的普通消费者群体，但他们通常具备更强的影响力，能够在短期内向广泛的人群谈论品牌，成为口碑传播的中心。

（二）话题感

电商需要耐心打磨和产品有关的初始信息。初始信息必须新奇、能吸引用户的眼球。例如，特价销售、出其不意的服务、很独特的吸引点、不一样的使用方法、别致的产品名称、漂亮的外形等。另外，话题应该很容易被复述，只需要几句话就能讲清楚。为了引发谈论者对话题的关注，电商在推广内容中应预先埋入以下和产品有关的亮点。

1. 新奇感

新奇感是指能让谈论者感到奇特而有趣的信息。当用户谈论时，可以引发别人的关注，更能让自己显得知识渊博。

2. 愉悦感

愉悦感是指能让谈论者感到愉悦的信息，谈论者会为了分享快乐而主动传播。

3. 情节感

情节动人的故事本身就是优秀而持久的话题，即便故事不是很经典，但只要能让谈论者关注，就能凭借情节打动人。

4. 关怀感

关怀感是指让谈论者感受到企业通过产品传递的关怀。随后，他们会用关怀身边的人来回报品牌。

5. 互惠感

品牌帮助谈论者有效解决问题，谈论者也会为了帮助别人而传播品牌。例如，某电商营销的产品是能提高少年儿童预防近视能力的治疗仪。该电商在网站或其他宣传渠道向核心用户（教师、医生和全职妈妈）提供保护眼睛常识的文章。这些文章写得简单易懂，出于互惠动机，很快就产生多倍的转发量和浏览量。

6. 共鸣感

品牌通过使最初的谈论者产生情感共鸣，迅速拉近距离，从而给他们继续影响身边人的能量。

（三）传播载体

谈论者和话题再好，话题传播过程的推动也需要准确的载体。例如，一家汽车用品电商在软件产品页面上设置了"转发到朋友圈"和"转发到QQ"的链接之后，其产品销量明显提升。除此之外，电商还可以给顾客提供转赠用的优惠券。当他们送给朋友时，也会传递口碑。

（四）参与口碑营销

口碑传播链一旦开始运作，就不应中断。电商营销团队不仅要促进口碑传播链的建立和延伸，还要设法加入链条，对口碑传播进行鼓励。例如，某电商在推广品牌之后，专门组织了团队回复电子邮件，对博客评论内容和论坛发帖内容进行管理与回应，在微信群中组织各种讨论与互动，等等。在类似的口碑营销活动中，企业应表现出对顾客的感激之情，同时也要传递友善态度。另外，企业还可以通过隐身等方式，在消费者群体内部进行观察。口碑营销的重点在于了解和掌握消费者对品牌、营销和产品的真实想法，这种对口碑传播过程的实际观察，无论在效率上，还是在可信度上都优于传统方式。

二、红包营销模式

电商红包是刺激流量上升、提升转化率和促进重复购买的重要方式。围绕红包打造新的营销模式，对于引爆产品销量和预热活动等目标的实现，有着很大的促进作用。

（一）发放时间点

电商可以选择重大节日时或者社会热点发生时发放红包。春晚时，不少移动电商都选择通过支付宝、微信群发红包。如果企业较小，也可以选择在大年初一拜年时进行红包发放。除了春节，还有其他重大节日。社会热点发生时发放的红包，显然比平时发放的会有更大的收益。当然，选择避开节日也是不错的想法，这是因为在春节、中秋等节日发放红包的企业很多，如果没有后续活动跟进，仅仅是凑热闹性质的一次性红包发放，效果会差很多。企业完全可以结合新品上架或者店庆活动等个性活动发放红包，引入众多流量，并引导用户参与到活动中，提升用户的转化率。

（二）发放对象和数量

最先发放红包的对象应该是会员顾客，随后是老顾客。可以用定向红包的方式，直接给这两类顾客提供专属红包，从而增加这两类顾客的追随度。

对于新顾客来说，可以采用随机红包的形式，进行拼运气式的红包争夺活动。这样能够扩大新顾客的兴趣范围，并引发新的关注。

一般来说，每个月发放红包的总数量可以是企业每月利润的5%～10%，红包的具体数额可以根据需要和情况而定。

（三）店铺红包

如果电商在淘宝网有店铺，就可以使用店铺红包。店铺红包给顾客提供的并非现金，而实际上是一种低值代金券，但店铺红包有独特之处。电商可以通过使用收藏送红包和购买后送红包的方法，让红包自动发放，从而减少人工发放红包的时间和精力投入。

一般来说，收藏送红包更适合新顾客，将红包定向发给对店铺或产品进行收藏的用户，能激励他们关注产品和品牌。得到这些红包的用户又会期待将红包花出去，并提高购买意愿。购买后送红包则适合老顾客，红包优惠必须要在老顾客下次购买时才能使用，由此可以起到刺激老顾客再次消费的作用。

（四）微信红包的技巧

微信红包最受欢迎，也容易和社交关联。因此，微信红包更容易起到营销效果。

1. 激活"僵尸好友"

在每个电商的微信账号中，都可能存在一些"僵尸好友"，这些"僵尸好友"和电商之间缺乏互动。因此，无论电商如何推送信息、发送广告，都会被他们无视甚至屏蔽。但如果邀请这些好友加入微信群抢红包，会提升他们的活跃度，提高他们的响应速度。

2. 提高朋友圈的活跃度

电商刚起步时，通常会发现朋友圈犹如一潭死水，点赞和评论的人永远只有那么几个。实际上，电商可以在朋友圈宣布自己要发红包，并设定规则。例如，点赞顺序为三的倍数就能领取单独发送的红包，也可以在点赞者中随机挑选用户组成微信群来发放红包，还可以在发送红包后和点赞者私聊，告知对方如果今后想要购买产品，将为其打折。这样，用户会愿意在这个红包群待下去，也会关注你在朋友圈的动态。

3. 利用红包"购买"传播

如果想让老顾客帮助转发广告内容，则完全可以直接发一个红包，然后请对方帮忙。这样的交换更多包含着娱乐和感情的成分，会让老顾客更愿意接受。

在红包发放过程中，可以通过私聊，引导参加活动的用户去加客服微信为好友或关注企业微博，利用社交工具将用户真正"捆绑"在身边。

在红包发放过程中，电商需要安排专门的人员和顾客进行互动。通过知识讲解，新一轮红包发放倒计时，邀请老顾客为大家发红包等，电商获取顾客群体的数据库，搜集顾客的意见、建议、消费习惯和理念等，并形成进货、选择销售群体、制定价格等的关键依据。

第二节　社交分享与体验营销

一、社交分享模式

想要让产品信息在短时间内得到爆炸式的传播，依靠单纯的广告手段已经难以实现目标。充分利用人们在社交中渴望相互了解、表现和沟通的愿望，再利用人性中对利益和荣誉的追求，以社交分享模式来传递信息，才是达成目标的捷径。

比如，某电商企业是一家创业型移动社交电商平台。在打造平台之后，该企业并没有买流量，既不去流量密集的门户网站、搜索引擎导入流量，又没有大力利用硬广告或软文进行推广。与此相反，该企业采用了社交分享传播模式。

一开始，该企业找到了一批种子用户，其中有普通用户，也有数百个小有名气的网络红人。种子用户在微博、朋友圈分享，再以社交途径进行爆炸式传播分享。这种方法最大的亮点在于低成本。种子用户不需要通过高成本获得，而是完全借助网红效应。

此外，他们还运作了分享项目。当用户获得邀请码之后，他能够在平台商城中挑选自己喜欢的商品。随后，这些购物车中的商品会自动形成一家微店，而用户则自动升级为店长。用户将这样的微店在社交工具中分享，一旦有人通过该渠道进入购物平台，店长就能拿到一定比例的佣金。

在这种分享式电商中，营销平台显得轻松了许多。电商本身更多负责前期产品的筛选和质量的保证，并不需要费心思不断进行具体的活动推广，也不需要忙于组建庞大的运营团队去购买流量和投放广告。在这种模式下，消费者既是购买者，也是代理商和传播媒介。整个平台成为优质产品的分享链条，移动互联网的技术手段则确保企业对传播效果的监控和对利润的迅速分配。

当然，社交分享营销模式引爆产品信息，并不只有微店代理这一种形态，还可以从下面的技巧组合开始。

（一）广告植入

将品牌或产品植入网络中的娱乐信息，如直播、游戏、软文等。当这些娱乐信息伴随社交行为传播时，营销信息无形中能直接被大量用户接受，从而产生巨大的曝光效应。

（二）硬广告

虽然软文的威力越来越大，但硬广告的价值也不应被忽视。企业可以直接通过网络红人、著名博客、知名社交网站、受欢迎的手机游戏、被广泛使用的软件等途径推出焦点图、悬浮窗口等硬广告。虽然这种营销形式和传统的硬广告并没有区别，但因为上述媒介本身和社交有关，能够有效地影响到垂直行业用户或精准人群，所以可以在局部形成爆炸性的效果。

（三）话题讨论

在社交工具上提出一些有趣或者争议性的话题，激发粉丝的参与热情，进而激活分享传播。例如，某化妆品电商举行过"我有美丽主张"的话题类活动，要求用户在各自的QQ空间发布"美丽主张"，生成动人造型，再根据点赞次数积累基金，从而参加"0元换购"抽奖活动。在这样的活动中，参与者为了表达自我，会不断分享产品的使用效果图，其他人则会由于社交原因积极投票支持。

二、体验营销模式

传统的体验营销模式意味着商品销售者在消费者了解产品的过程中要为其创造良好的感官上、情感上、思考上、行动上的满足感，并使其获得难以忘怀的感受，从而实现销售。随着移动互联网的发展，顾客通过媒体了解产品。这已经挣脱旧有传播方法的束缚，更多地通过互联网数字媒体中的视觉、听觉，以及对产品的触觉等获得刺激和乐趣，能得到更大的情感触动。

（一）终端体验

无论通过微信、微博，还是通过其他渠道，用户都必须用智能手机中的某种渠道连接电商。这种渠道无疑就是企业在市场中的最终营销端。终端提供的体验直接决定了用户眼中企业的价值。

1. 无线应用协议网络页面的开发设计

确保企业的网站页面安排更加人性化，更加简洁实用。由于是用智能手机浏览网站，因此没有必要让页面看起来像"大网站"；相反，企业必须突出能够为用户提供的功能。例如，某电商无线应用协议网站不仅对产品图片进行优化以节约顾客的流量，还在支付页面上突出显示了支付按钮，以便顾客能第一时间看到并使用。

2. 人性化的软件

任何成功的软件都只需要五分钟就能被用户熟悉并使用。电商应该结合顾客群体的特点对软件的运行和服务模式进行充分优化，让界面有亲和力、简洁，不要将网站上的功能全部照搬到软件上，而要挑选其中的重点功能如浏览、订购和支付等，并用这种体验来帮助用户熟悉和接受产品的特点。

3. 线下服务

任何好的移动社交电商平台，都不可能只有来自线上提供的体验。当产品被使用时，会随之产生配送、退换货、维修等线下服务。加强人员管理、提高服务质量，会使平台的整体体验有显著的提升。

任何一款好的垂直领域的互联网产品，都不可能只是基于线上市场进行传播，必然有不同程度的线下推广和口碑营销。在注意开发线上市场的同时，企业也需要专注于线下市场的拓展，利用消费者互相带动的效应建立口碑营销圈，做好线下推广与口碑营销。

（二）产品体验

1. 产品使用体验

（1）购买体验

购买体验对普通消费群体影响最大的还是产品定价。企业应该利用规模优势或市场优势，尽量拿到谈判主动权，减少渠道成本、营销成本，压缩品牌溢价，尽量让用户能够直接面对产品从生产到销售的全部流程。眼见为实，这种真实的体验会让用户感到价格实惠，并获得良好的购买体验。

（2）使用体验

企业要多和具体客户进行联系沟通，可以通过电话、微信、微博、电子邮件、QQ讨论组和线下实际拜访等方式，迅速而全面地了解老用户对产品的看法。企业还可以鼓励用户参与企业内部对产品的开发研究，推动产生良性互动过程。

2. 产品提升体验

在移动社交时代，单独依靠企业的设计、策划和研发团队来为用户提供不断更新换代的产品价值，几乎不可能；相反，许多被实践证明成功的产品升级，来自用户的生产，这种过程也是一种良好的体验。

（1）荣誉感

企业可以为用户发放荣誉头衔，或者利用排行榜、等级勋章、积分等实现激励体验。这样，无论参与竞争，还是排名靠前，用户都会得到不同的感受。

（2）归属感

在利用微博传播实现营销成功的一款手机操作系统中，有许多图标带有用户的个人信息，以便表彰他们参与设计。同样，在一款热门网游中，不少英雄角色的姓名也是玩家的姓名。企业可以将用户名字印在纪念品上，并附上产品形象或企业标识。用户将从这种紧密联系中得到宝贵的归属感。

第三节　O2O营销与微商营销

一、O2O营销模式

O2O（Online to Offline）指线上到线下，主要包括以下四种营销模式。

（一）二维码社交营销

移动社交营销模式的发力点大多在线上，落实点却需要在线下。没有线下的传播推广，用户很难获得切身感受，渠道营销也就无法形成。这样，即便创业者最初设计的商业模式再优秀，也很难吸引足够的用户流量。二维码能够在线下让特定顾客接收到准确信息，正是相当具有价值的手段。

二维码是在传统条形码的基础上做出扩展并增加另一位刻度条码而形成的。二维码的外形为黑白矩形图案，通过图形表现二进制数据。在利用手机等智能设备扫描后，用户可以获取其中的信息。相比条形码，二维码所传递的信息更多，如网络链接地址、微信名片、一张图片、一篇文章等。

目前，电商企业可以利用下面的方法来进行二维码营销。

1. 传播产品信息

企业可以将官方网站网址、微信名片、软件下载链接、产品的图片介绍等信息结合生成二维码信息，并放置在线上的QQ群、网络论坛等处，以及放在线下的实体门店、广告牌等处。这样，用户人群能够主动使用手机扫描二维码，获得完整信息。

展示二维码传播信息的具体技巧有以下三点。

第一，在展示二维码时，要附上能够显示二维码价值的文字。这些文字不仅要解释产品的价值，还要形象地说明二维码能为用户带来怎样的优惠等。

第二，在线下展示时，应避免人群往来速度较快的地点。

第三，无论二维码在线上将用户引向微信、微博还是网站，企业都要明白，传播必须是垂直的，目的要明确。因为扫码的用户想要的是立即看到自己需要的内容，他们并不喜欢复杂的分类，所以，内容必须简单、清晰、实用。

2. 互动入口

用户还可以通过扫描二维码进入企业指定的网络页面，如论坛热帖、优惠券领取页面、调查研究页面、活动报名表等，并直接加入活动。这种方式能够让企业及时向特定的用户发送邀请，也能保证营销宣传获得最大化的效率提升。

根据团队类型的不同，互动入口可以分为以下三类。

（1）品牌型团队

团队将二维码放置在平面媒体或视频广告上。无论线上还是线下，二维码都应在显著的位置出现。通过扫描二维码，用户可以直接进入公司网店、品牌展示区域了解详情。

（2）服务型团队

团队利用赠送服务优惠券的机会，印刷二维码，并以文字提示鼓励用户在扫码之后进行二次购买来获得优惠。用户会在线下服务时接受鼓励，这既利于传播，又能刺激用户二次消费。

（3）本地O2O团队

团队可以将二维码扫码行为作为用户在线上预订消费的凭据。扫码后，团队客服记录下互动信息，用户可以凭借互动记录进行线下消费。

3. 购买渠道

采用二维码还能够直接帮助顾客完成购买行为。团队可以与支付平台进行合作，利用扫码方式，在手机上直接完成购物支付流程。

（二）场景化社交营销

移动电商离不开社交化手段，通过编织辐射性社交网络，企业能迅速而广泛地造就一批真正围绕自身品牌、业务和产品的粉丝。但是，社交关系不可能凭空而来。无论从社会学、心理学的角度，还是从商业历史的发展来看，所有的社交行为都必须依托人群的生活场景、互动场景。在移动电商企业从无到有、从小到大的发展路程上，必须遵循的是场景化社交营销原则。

推广方法和渠道并不必然决定传播效果，最根本的还是要看用户在何种场景下遇见产品或服务。在最需要关注潜在需求的场景下，用户碰到了能够满足需求的产品，就最容易关注电商。因此，只有事先搭建场景，才能完成高效率的O2O营销。

场景化社交营销最大的优点，在于避免让用户被迫接受信息，以及潜移默化地尊重用户原本的生活规律，并对其心理和认知进行改变。成功的移动社交电商几乎都体现出场景化社交营销的成熟经验。

传统互联网时代的O2O企业看重的是流量多少和入口大小。移动互联网时代的电商，在注重社交化的背后，需要的是对产品进行最合适的场景化构建。为了实现这一点，电商企业不应该单独去研究如何引流、如何投放广告、如何进行推广，而是应深入用户最可能与产品产生交集的场景，或创造这样的场景，或利用场景中的空间和用户进行面对面交流，或通过情感互动来获得粉丝的关注，从而发挥影响力，做到稳定、迅速地提升流量。对于进行场景化社交营销，下面这些因素是非常重要的。

1. 构建自然的产品使用场景

让用户遇见产品并产生兴趣的场景必须自然，顺理成章，能让用户感觉到场景背后的逻辑符合自身兴趣，也适应社交需要。电商企业最起码要能够在正确的条件下，去触发用户的接受行为，而不是无中生有地强加影响。

构建场景的舞台无论线上的微信、微博、网络论坛，还是线下的实际体验、交流活动，都不应该让用户感到突兀。

2. 场景构建应注重细节

创业者需要了解用户日常生活的习惯，看准哪些机会是能够引导用户关注产品和服务的，并将这些机会作为关键的推广环节来打造，影响并培养更多用户群体。

3. 场景化社交营销需要多侧面触发

消费者转发分享了O2O企业的内容用于社交，并不意味着场景化社交营销能真正走进他们的心中。为此，企业要充分利用线上和线下的交接点来推进搭建场景化入口，引导消费者从这样的入口走进事先预知的消费情境。这些方法包括推送地理位置、通知栏信息、短信等。

（三）上门服务社交营销

O2O营销模式的兴起，几乎和移动互联网的兴起同步。这一过程也为电商带来了新的营销模式——上门服务社交营销。所谓上门服务社交营销，是指电商企业作为资源整合的平台，为顾客提供交易机会。顾客可以通过线上下单、确定人员、要求到指定地点服务等流程完成消费，而并不需要出门。

上门服务社交营销能够在很大程度上体现出社交电商的优势。这种营销方式将产品和服务直接呈现在顾客面前，并由他们现场判断收益。这种迅速、直接的刺激感，能够让用户群体感觉新鲜并产生分享的意愿。为了做好上门服务社交营销，企业应该学习现有的成功经验，并进行如下四项准备工作。

1. 高素质的专业人员队伍

选择购买上门服务社交营销的用户对价格的敏感度显然不如对质量的看重，这些用户的社交能力、人脉资源、传播能力通常也是当地最强的。因此，企业应该事先组建线下成熟的服务队伍，并在开始服务之前对其进行专业培训。在服务之后，企业还要将客户评价和绩效考核严格挂钩，确保用户可以从服务中得到良好体验。

2. 选择与传统服务门店合作

电商可以同线下已有固定经营场所的行业门店（如干洗店、维修点、家政中介等）合作。电商的经营场所并不一定要在商业区，在社区附近也可以，但需要进行一定的装修、维护来营造在线服务的氛围。

在谈好合作伙伴之后，电商就可以将店面图片、地址、经营历史等情况在微信、微博等移动互联网渠道上进行展示了。

3. 严格制度，约束跑单行为

电商可以采用会员积分制度，在会员每次成功消费后即发放积分，并允许当场兑换，让会员获得优惠服务或者小礼物。如果会员发生跑单行为，即预订却又拒绝服务，就要承担更多扣分的惩罚。企业还可以建立风险评估机制，对那些积分较低、多次跑单的会员，要提前多次进行确认，甚至可以将其拉入服务黑名单。

4. 定期拜访制度

上门服务类消费行为通常会形成特定个体或家庭的习惯性依赖。如果一家企业能够拥有数百个这样的稳定客户，就能拥有获得下一步融资和发展的强大基础。

为此，除了应做好对他们的服务之外，企业还应该组织内部的客服力量，定期利用社交软件或上门进行拜访。除了普及与服务有关的知识、赠送免费用品之外，企业还可以多和对方家庭中决定消费的人进行沟通并形成情感连接。这样，就能避免客户与服务人员私下交易了。

（四）垂直社交营销

当社交电商建立在移动互联网的基础上时，一个事实就越来越明显：充分而广泛的用户数量决定了垂直营销模式的操作可能性越来越大，市场也迫切需要具有越来越多垂直人群的社交电商。正因为如此，不少企业准确地切入了这一层面，获得了一定的成功。

所谓"垂直社交"，实际上是指在特定人群中构建社交网络，并利用这样的网络进行产品营销。这种互联网商业模式从一切以客户关系为中心发展到一切以特定需求的客户关系为中心，社交分类更为细化，人群延伸更为准确，所对应的推广目标也更为集中。一旦在某个领域形成优势，社交电商就很有可能因为发力早、成效快而独得长尾效应的优势。

二、微商营销模式

从广义上讲，基于移动社交平台发展衍生的小型电商形态，都属于微商营销范畴。微商能够帮助团队或者个人开展新型而便捷的营销模式。微商的"微"，既指经营者无须投入过多成本，不必追求多大规模，又指营销范围可能只限于个人社交圈或城市地域圈。微商营销更重要的特点，在于去中心化，即人人都能成为整套营销体系的中心。如果传统企业想要借助微商模式来进行营销，则该传统企业应成为一定范围内的中心点，再利用去中心化特色来发展。

无论企业还是个人，采用微商营销模式都不失为一条发展移动社交电商的良策。在具体的操作过程中，还需要注意以下五个重点。

（一）学会对粉丝进行筛选

和企业发展移动社交电商不同，单个微商所能够覆盖的营销范围并不大，其社交关系也相当私密。因此，企业不应刻板地规定员工、代理有统一的营销内容，而应强调对用户进行不同方向和标准的营销内容的筛选。

（二）选择新产品

如果个人进行微商销售，则应该在用户碎片化、便捷化的环境中，利用消费者仅有的时间以抓住其眼球。个人微商可以选择诸如汽车美容产品、科技含量较高的家用产品等新产品作为突破口。这些产品既有一定的需求，又并非电商的销售热点，在销量上自然具有先天优势。

如果企业选择微商模式，则不妨挑选出产品系列中比较新颖、时尚的产品。这既符合微商特点，又能为下一步的大规模销售做好铺垫。

（三）及时进行产品补位

微商营销不能过于急功近利，也不能只依靠单一产品的几张图片或文案就试图获得消费者的信任。营销者需要借助更广泛的产品系列，完成对自身品牌的塑造和丰富。

（四）适当扩充渠道

微商营销主要通过微信渠道完成引流，但该营销模式在前期依然应该通过更多其他渠道进行导入。

不少网红微商首先通过视频直播和微博积累粉丝，当用户群沉淀并形成规模之后，再通过关注有奖、转发优惠等方式引导用户加入微信，从而可避免前期微信加好友受限的缺陷。

（五）扁平化分销管理

企业选择采用微商营销进行网络销售，必须考虑到代理层级数量的问题。

扁平化分销代理逐渐成为一种趋势。在这种模式下，企业直接对所有代理进行管理，不需要在中间再区分级别。从上游的生产端口到最终的个体消费者，经过的代理层级越少越好，这样才能确保微商营销不会出现层层加价的现象。

第四节　众筹营销与互动营销

一、众筹营销模式

众筹是指利用预约性质的团购形式，向互联网上的个人筹集项目资金。众筹不仅是融资方式，通过众筹，企业还能够在移动互联网平台上进行形象展示和营销活动。

一些企业在众筹平台上推出了个性定制服饰、鞋帽的活动，并通过社交软件邀请不同消费者进行众筹。在整个定制过程中，企业实际上利用众筹形式来和消费者进行互动。这种互动是消费者主动分享并参与的，并非传统营销的全面"轰炸"，因此更容易被消费者接受。根据企业选择众筹营销具体模式的不同，众筹营销可以分为以下三种类型。

（一）预消费模式

在推出众筹项目之后，企业可利用移动社交网络，直接将开发团队推到前台，和潜在的用户群体进行互动，引导他们对产品提出意见，甚至直接参与到产品设计的流程中。

（二）用户主动参与

众筹既可以筹集普通用户的金钱，又可以获取他们对产品的关注。通过赞助模式的宣传，企业能获得链条式的形象扩展效应。为此，企业应该给予主动传播者真正的实惠，帮助他们建立内在驱动力。这样，整个众筹的流程就能良好地运行。

（三）众筹流程技巧

对大多数普通电商企业而言，加入众筹平台展示项目并进行社交营销，需要克服重重困难。下面这些技巧是必须被及时运用的。

1.提前准备

提前熟悉并运用微博、微信等工具，经营自己的粉丝群体，拥有大量的联系人信息，并在众筹活动之前就和他们联系。

2. 找准合适的平台

科技含量较高的产品，可以进入淘宝众筹平台进行推广。对于选择何种具体的社交媒体和众筹平台，并没有标准答案，需要结合企业特点、产品功能和目标消费者来确定。

3. 众筹信息

众筹信息应该简洁有趣，从第一句话开始就具备吸引力，要能够让用户不自觉地点开链接并转发。此外，对众筹信息还应及时更新和维护，保持项目内容在众筹平台上的活跃度，让项目支持者和关注者能够不断获得新信息，以此建立强大的凝聚力。

4. 如实沟通

众筹营销通常是一个长期的过程，需要三十天、六十天乃至更长的时间。因此，作为项目发起者的电商，要确保用户始终知情，要能够如实地向用户反映情况。如果始终不和用户联系，他们就会对项目失去信任，中断传播并不再投入。

二、互动营销模式

社交电商的本质和传统商业并无区别，所有行为都应该能直接或者间接地促进交易实现。为此，企业不能忽视为品牌传播打造良好的情感氛围。互动营销对情感氛围有至关重要的影响。

打造移动社交电商模式，需要企业与用户积极互动。每一种移动互联网营销模式都离不开互动要素，其重点包括以下四个方面。

第一，要确保互动者能参与其中。网络营销应该方便用户参与，任何复杂的互动环节都会导致用户离开页面或者关闭手机软件。例如，在申请试用产品的互动过程中，表格应该清晰明了，应只需要互动者花几十秒就填写完毕。

第二，要确保互动产生明确的利益。参加讨论能够获取奖项或积分，进行投票能够得到荣誉头衔等，这些利益应该是能即刻看到或感受到的，否则互动频率就会不断降低。

第三，准确分类。整合客户群体的资源，对其进行细分，寻找客户群体需求的特点，并整理成具体需要解决的问题清单。确定问题之后，找出其中可能的互动点，并将之列在一张表格上，形成合适的互动计划。这样，互动才能变得有序和科学，同时能够带来长远的吸引力。

第四，在互动营销模式下，企业绝不能犯任何错。例如，用户试图和企业沟通联系时，等待半天之后得到的却是官腔十足的一封邮件。这就会导致用户的不满，并将抱怨内容公布在微博或微信朋友圈。因此，服务必须要确立实时化的原则，做到速度和灵活性并重，要对用户提出的问题作出及时反应。

第五节　内容营销

在移动互联网兴起的同时，大众媒体无可置疑地受到影响，这一现象对于电商来说是显著利好的。因为内容传输的成本会随之下降，内容营销具有巨大的市场潜力。

区分原创内容，并吸引用户群体，这让内容营销模式日益火爆。内容营销模式是移动社交电商领域重要的推广方式。在采用该营销模式时，企业需要注意以下三点。

一、内容原创度要高

企业仅依靠复制、粘贴的内容，已经难以对形象进行传播；相反，企业必须花费足够的资源和精力在高度原创的内容上，包括图片、文案、视频和音乐的制作。企业要像一家媒体一样注重运营，才能确保内容新鲜、实用并具备高转发率。这些内容除了有直接的娱乐价值外，还能带给特定的用户人群实用感。

此外，传统电商创业者习惯通过搜索引擎或B2B平台来推广营销内容，并通过这些营销内容中的链接来间接推广产品。但这种方式随着搜索资源的范围受限，成本只会越来越大。鉴于此，企业有必要拓展思维，将营销内容放在自媒体等平台上进行发布和管理，直接让用户与企业连接。

二、内容要专业

内容营销吸引客户的逻辑在于能够用更专业的方式去满足客户的需求，并帮助他们解决问题。例如，在IT行业中，中关村在线网站能够帮助用户，向他们提供丰富的品牌、价格和性能对比的信息。同样，任何一家企业的内容营销都要有其他渠道难以获取的深度部分。这些深度部分最好能形成帮助客户解决问题的方案。这样，客户就不会浪费时间进入其他渠道了。

在内容营销中，企业应扮演为客户工作的专家的角色，为客户提供产品的对比、研究和体验。这些内容需要进一步整合，并充分细化与深化。

三、软文中品牌的植入

软文是内容营销不可或缺的渠道。除了在企业自身营销渠道中进行推送外，软文还有新闻、评论、博客、QQ空间、论坛、问答、视频等各种形式。相比之下，传统的内容营销根本无法进行这种全渠道的整合。在软文中植入品牌内容，可以用以下几种形式。

（1）场景内容，即将品牌的视觉符号、文字符号或者产品名称纳入软文，形成软文内容的重要部分。

（2）对话内容，在软文情节中设置人物对话或内心独白，并将品牌或产品形象植入其中。

（3）情节内容，让某个产品成为整个软文内容的情节，或者成为情节中具体环节的有机组成部分。

（4）理念内容，即根据企业文化和品牌内涵推导出符号的意义，将符号植入内容的情节，诠释品牌理念和内涵，增强品牌的个性。

第六节　移动社交营销

一、移动社交营销思维构建

（一）爆品思维

移动社交网络的出现为电子商务带来了重大机遇和严峻挑战。从大企业到小商家，为了生存和发展，必须学会创造能够激发客户的产品。事实上，近年来，快速增长的电子商务公司几乎都是通过专注于几个甚至一个优秀的产品来发展的。只有学习和运用爆品思维，电子商务才能有效应对新的挑战。

1. 了解爆品

一款产品能够让顾客觉得有用，最多只能称为商品；一款产品如果能够让顾客感到幸福，并引发购买，就可以称为爆品了。不同行业的爆品的特点各有不同。爆品一般具有的特点包括：容易使用，对顾客有独特的吸引力；与众不同，能够创造独特价值；顾客依赖度大，只要使用过产品，就会理解其价值，并进而成为产品品牌的粉丝；性价比高，销售量能迅速增长。一个能让顾客感觉有用的产品最多只能被称为商品；如果一种产品能让顾客疯狂购买，它就可以被称为爆品。不同行业爆品的特点各不相同，爆品一般具有使用方便、独特吸引力、与众不同、独特价值、顾客黏性高、高性价比、销售增长快等特点。

2. 爆品思维

专注意味着电子商务将其资源集中在做好一种产品上，不受热门话题的影响；极致意味着客户可以拥有超强的体验，产品可以改变他们的心理；口碑意味着营销的集中化、社交化和复制化，没有强大的口碑，爆品无法产生后续效应；快速意味着产品必须能够快速占领市场并更新。成功的爆品思维，离不开以下四个关键点。

（1）精准优良的策划

在规划包装设计、颜色和营销布局时，考虑产品的功能价值，包括产品营销的时间和媒体渠道。确保所有的规划工作都围绕着成为爆品的目标，以便通过传播爆品的形象获得良好的表现。

（2）传播能力强的故事

所有爆品都必须有灵魂，而不仅仅是在质量或价格方面有优势。因此，具有爆品思维的电子商务不仅要提升产品功能和视觉形象，还要塑造具有鲜明特色的产品故事，利用故事的独特特征给特定群体留下深刻印象，利用直观和感性的形象改变潜在用户的感知。

（3）发挥产品的媒体价值

移动社交互动的精神要求人们通过移动网络进行交流和共享。爆品思维要求我们必须仔细选择媒体渠道，使产品成为与客户沟通的第一手段。例如，在产品包装上打印二维码，并为客户反馈和沟通提供便捷信息渠道，这样的产品就会"说话"了。

（4）产品的区隔能力

爆品必须具有足够的娱乐价值，并反映在社交过程中，也就是说，顾客必须觉得他们真的喜欢爆品带来的体验。一些通过电子商务销售的爆品蛋糕，不仅有独特的味道，而且允许人们直接点燃涂层，创造出一种视觉上很酷的效果，使它们与其他蛋糕区别开来，这种差异化将有可能使产品征服更多的潜在用户。

（二）用户思维

"互联网+"思维的核心应该是聚焦用户，电子商务应该从用户的角度考虑问题，创造极致的产品和服务体验。凭借极致的产品和服务体验，用户才会积极从用户转变为传播者。

1. 激活用户多重身份

即使在传统的商业模式中，用户也不是只扮演消费者这一个角色。用户通过口碑的方式具有着不同的传播能力，在移动互联网中，用户的传播意愿和能力将更强，效果将更直接。

2. 用户思维三个特性

（1）人性化

产品和营销都应该针对特定用户量身定制。电子商务中所做的所有准备工作最终都必须反映在用户身上，体现关怀、信任、尊重、爱等人文元素。

（2）个性化

产品应该满足用户的多样化需求，而不仅仅是迎合大众化需求。一家运动服电子商务公司推出了运动鞋和T恤的DIY服务，用户可以通过微信与客服沟通，提供图案、文字和风格元素，然后接受专业人士的设计服务，最终获得专属服装，从而形成口碑传播。这种营销体现了用户思维，超越了传统电子商务只重视统一产品功能的局限性。

（3）多样化

电子商务利用产品和后续服务来满足不同层次和形式的用户的整体需求。其中，物质只是一个方面，文化、情感、精神、意识形态等其他需求都可以通过营销来满足。

3.沟通的传播价值

营销传播中缺乏用户思维的主要表现是使用直接的营销传播吸引目标受众的注意力。然而，在移动互联网时代，这种营销传播理念急需调整，应转变为以用户为中心的思维。团队需要关注用户，并打造真正具有传播力的产品。

（1）广告特色化

营销团队应该努力让网络广告具有一定的趣味性和可感知的价值，这样才能让广告在移动社交工具中被持续的分享和传播。

（2）促销社交化

最典型的例子是电子商务从业者如何使用"红包"来吸引客户积极阅读微信中的营销文案。通过这种方式，可以实现以最低成本推广产品的目标，结合休闲娱乐群体的社会心态，使推广更加顺利，促销变得更加温和。

（3）交易亲密化

在移动互联网平台上，有必要模糊电子商务交易行为和朋友联系行为之间的区别。客服可以通过网络语言主动沟通，与客户建立熟悉感和认同感。团队推广可以深入了解客户的个人生活体验，鼓励他们直接参与并体验营销。

（三）移动社交电商营销的免费思维

免费已经成为电子商务中一个重要的商业逻辑。从表面上看，它是免费的，但从内部来看，它包含了各种可以充分释放创造力的盈利方式。可以预见，善于利用免费思维的移动社交电子商务团队将能够轻松应对新的竞争格局，从而获得更多的机会。

免费思维是指电子商务利用某些产品或服务的特点为用户提供难以拒绝的免费价值。在吸引了大量用户后，电子商务团队通过节省营销成本或将广告、数据和产品变现来获利。

电子商务不能为顾客提供真正的"免费午餐"，这一理念已成为制约免费的瓶颈。移动社交电子商务必须明确互联网的"普世价值"在于免费、消除障碍和减少差异。如果缺乏免费，团队将与传统营销思维主导的竞争对手无异。因此，免费只是一种营销模式，最终仍以盈利为目的。

使用免费思维技巧可以参考下面这些不同的组合。

1.基础免费，附加收费

产品或服务的基础内容对客户免费，而对高质量、个性化等方面内容收取费用。一家专门生产优质咖啡豆的专业电子商务公司将免费思维发挥到了极致，该公司每月定期挑选幸运会员，赠送50克（价值数十元）的咖啡粉。在培养了一定数量的会员对产品的兴趣后，电商公司通过客服向这些会员介绍500克袋装咖啡豆。这种电子商务营销系成果不仅收回了赠送咖啡粉的成本，还产生了更高的营业额。

2. 服务免费，渠道收费

一家厨具电商向顾客提供免费的家庭厨房咨询服务，但在接受咨询之前，顾客必须要下载软件并关注微信公众号。这样，越来越多的人被导入营销渠道，为团队带来了巨大流量。此后，该电商还从软件为其他产品所做的广告中获得了收益。

3. 前期免费，后续收费

某线上培训电商在软件上向用户发放免费听课券，但用户只有十分钟的试听机会。一旦十分钟试听结束，用户可以选择是否继续听下去，并决定是否付费。这种免费营销模式通常更适合已有一定用户基础的企业。

4. 个体收费，推介免费

对单一顾客的消费行为进行收费，当介绍新顾客来之后，电商再以返还形式对其免费。这样，顾客会为了获得免费的机会，增大推介力度。如某线上摄影设计和冲印机构，在对新顾客进行收费后，引导其将样片分享到朋友圈，一旦能够吸引其朋友前来消费，则予以现金返还。这种方法主要适用于能够多次消费的产品或服务。

二、移动社交营销的六大法则

（一）内容即营销

"内容即营销"是移动社交电商首要把握的原则。为用内容去刺激消费者购买意愿，并基于购买行为获得用户反馈信息，再根据反馈信息对产品进行优化调整。这样，内容推广和产品销售就不再是必然的先后顺序关系，而是同步推进的。一方面，内容推广可以带动产品销售；另一方面，产品的销售又可以反作用于内容，提升品牌形象。在移动社交互联网上，内容的传递和形成的事件，本身就是营销行为，不只是取得营销效果的噱头。

第一，内容既是传播渠道，也是传播手段。软文内容和广告内容都可以成为连接用户、吸引注意力和实现转化的特定渠道。

第二，内容营销离不开自媒体的运作。要扎实经营企业的自媒体，让关注企业自媒体的用户群体自然接受内容。

第三，传统的硬广告内容很快失去了商业价值。直接说教和充斥着简单明了的价值口号的广告很难引起观众的兴趣。相反，我们需要让内容更有创意、更有意义、有趣、深刻和时尚。

第四，内容格式应多样化，包括音乐、视频节目、综艺节目、软文等。从外部来看，内容不应通过反复刺激加深对同一印象的记忆，而应具有一定的联想空间。能够在观众脑海中唤起视觉印象的内容更受欢迎。

第五，打造内容。优质的内容需要电商团队的精心准备，一般要先在小范围内进行受众和传播试验，然后再推向互联网以达成营销目标。

（二）产品即体验

社交营销应该重视用户和社群，但绝不能因此忽视产品的价值和体验，从某种程度上来说，产品的成功比社群的成功更重要，所以产品的体验也应排在用户经营的前面。好产品是提升客户体验最基础、最重要的内容，任何营销手段的本质都是为了让消费者接受价值体验，而产品的营销体验、社群内外的沟通体验、客户服务带来的延伸体验，都要为产品本身服务。只有顾客在使用产品时获得良好体验，才会主动推广企业品牌和产品。我们可以从以下两个方面着手把产品的价值从实用性扩展到价值体验上。

1. 提升品质

品质是指产品所具有的属性和能力，具体表现在其功能和性能特征上。例如，手机的功能、汽车的技术规格、一袋咖啡的实际成本等。产品的品质是用户体验的基础，只有保证好的品质，产品才能为用户提供卓越的体验。

2. 优化感受

感觉是指客户通过产品获得的所有感觉，包括产品设计、质地、品牌价值、客户服务，甚至客户生活方式和文化观念的变化。例如，产品本身的颜色、设计、声音、气味、味道、质地等方面都可以为用户提供直接的体验，并引发情绪波动。

企业应从以下几点入手，加强产品价值的提升，让用户感受到真正的效用和价值的增加。

（1）加强基础产品质量管理，防止上下游供应链或销售渠道出现偷工减料、假冒伪劣等情况。

（2）统一品牌内涵，从品牌的高度出发，统一设计产品的展示、包装、运输、外观等方面，体现统一的品牌内涵。

（3）人性化思维逻辑。无论是什么产品，都应该能够让客户的生活方式更简单、更合理。产品设计和开发过程必须保持正常合理的逻辑，尊重客户现有的习惯，不应试图改变用户的逻辑。

（4）产品形象场景化。无论采用何种推广方式，产品和人都不应被孤立或简单地分开。相反，在营销过程中，企业应该使用文字、视频、图片等内容，让用户感受到产品的具体使用场景，并产生深刻的记忆。这样，客户每次使用产品时，都会与周围环境联系起来，获得良好的体验。

（三）互动即传播

传播是构建社交链的基础，也是互联网电子商务生存和发展的重要动力。在信息快速增长、产品类型丰富、竞争同质化的情况下，只有互动才能让营销内容更好地传播。总结互动品牌推广的操作要点，主要包括以下六点。

（1）在活动策划前，重点了解活动参与者的属性，在市场调研后进行预热推广，多渠道宣传。

（2）在互动过程中，会在后台安排专门的营销客服人员记录和解答问题，解决用户遇到的困惑，引导用户积极参与互动。

（3）根据活动类型和定位，植入与产品、品牌相关的互动，并设置各种奖品，激发参与者互动。奖品要拉开差距，要有大奖，还要有参与奖，这样才能充分调动用户的积极性。

（4）将参与交互的用户分为两组。例如，根据性别、地区、年龄等进行分组，更有利于企业后期利用互动进行精准沟通。

（5）互动要充分便利，图片和声音的选择、点击、分享和上传的方式可以极大地提升用户的参与热情。

（6）互动营销的策划应尽可能与重要节日、热门事件相结合，互动过程应与事件营销活动相结合，以达到更好的效果。

（四）口碑即渠道

口碑是人们对一个品牌的全部评价，是人们对一个公司、一项服务和一种产品的评价的总和。无论是口碑的形成还是传播，都发生在亲戚、同事、同学、伙伴等关系密切的群体中。在产品进入这些关系之前，口碑传播的双方之间已经有了坚实的信任。与单纯的广告、公关、企业推荐、活动促销相比，口碑信任度更高。在移动互联网中，口碑传播超越了时间和空间的限制，任何人都可以通过智能手机快速参与到产品口碑的传播中，并受到口碑的影响。这种情况也决定了口碑是渠道的金科玉律。

对于电商企业来说，口碑的强弱决定了流量渠道的宽度。良好的口碑可以产生较好的传播，为品牌带来巨大的知名度和利润。为此，企业需要从四个方面着手打造口碑。

1. 锁定口碑源头

口碑源头是指那些在社交媒体上活跃并具有很强推广能力的人。消费者通常更信任他们的意见，而不是公司的官方推广。因此，公司必须在客户群中找到具有这种影响力的人，并进行有效的运营，使他们接受产品。

2. 用价值连接情感

企业不仅要关注产品和客户之间的关系，还要能够将价值作为连接客户和他人之间情感关系的纽带。例如，公司组织分享活动来表达用户对家人的情感；或者将品牌营销与公益和环境保护联系起来，让人们从获得产品价值中获得更多对社会的情感奉献。这样，在形成声誉的同时，也会有更大的开拓力，带来更多的新用户。

3. 参与群体活动

营销活动不仅应侧重于介绍产品本身的特点，还应涉及深入吸引用户群分享的活动。这样，产品可以为团体活动带来丰富的乐趣；基于口碑的受欢迎程度也会广泛影响整个群体对产品的购买欲望。

4. 方便用户评论

口碑意味着渠道，但对于企业来说最复杂的是，如何让消费者在渠道中发表评论和向他人传达品牌的价值。为此，企业应充分简化用户之间的沟通流程，例如在产品展示页面上显示老客户的购买记录和产品使用图片，并允许新客户转发和评论这些材料。这样，在建立良好声誉的同时，采购渠道也得到了巩固。

（五）社群即"鱼塘"

在传统互联网时代，社群主要以社区形式存在。但到了移动互联网时代，互联网发展成人们生活的一部分，变成了个人思想的延伸，普通人通过互联网连接起来。

在传统的互联网时代，社群主要以社区的形式存在。但在移动互联网时代，互联网已经发展成为人们生活的一部分，成为个人思想的延伸，普通人通过互联网连接起来，这使得社群的意义变得更加突出。企业如果能懂得社群的黄金法则，即"鱼塘"，就能懂得品牌传播，掌握营销机会。

企业在营销过程中，要通过"鱼塘"的建设，形成社会化营销的基础。没有"鱼塘"，就没有客户，也就没有企业崛起的动力。

社群不仅仅是一种营销渠道，其更重要的价值还在于形成企业与用户之间的桥梁，成为始终能够提供二次消费价值的"鱼塘"。那么，这样的"鱼塘"应该如何建设呢？

1. 成为你所在领域的专业倡导者

无论是企业还是用户，都要识别一个领域，通过不断的努力积累价值，攀登专业领域的顶峰。这样，产品和服务都可以给用户带来完全不同的价值。

2. 提供符合共同兴趣的内容

从营销文案开始，提供给用户的内容应该是有价值和有营养的。产品或服务应该针对用户的痛点，并提供竞争对手无法提供的解决方案。

3. 耐心地聚集和培养客户

要想培养客户，就要有准备深耕的决心。团队营销的目标不一定是扩大用户群体或增加用户数量，而是提高用户质量。因此，在聚集用户的过程中，我们应该有意识地选择那些核心用户，并提供有针对性的服务。

4. 积极组织线下互动

线下互动必须要有充分的参与感，只有当客户能在鱼塘里像鱼儿一样玩要时，他们才会愿意留在企业的服务体系中。因此,企业必须设计线下互动的方式,以参与和受益为原则,更准确地突出亮点。

5. 与用户换位思考

我们必须知道如何保持一种平衡感,而不是为了短期利益而牺牲我们的长期声誉。除了赚取商业利润,还要站在用户的角度去感受企业的产品质量。

(六)数据即资产

在大数据时代,数据是企业的营销资产。利用大数据技术对客户进行全面分析和定位,可以塑造更立体的客户形象,为企业决策者提供足够的支持。

在电商对软件访问数据的监控和整理中,能看到数据即资产的含义。当客户下载软件并打开之后,电商就能得到最新下载量和访问量;当客户开始浏览其中内容时,电商能够通过数据进一步了解客户,包括在某类商品页面上停留的时间等;而在客户将某件商品加入购物车之后,软件会即时"联想",在原有的体现访问量和购买量的数据库中进行分析,推送相关的商品;同样,当顾客进行软件搜索时,软件也会从搜索关键词中找到可以联系上的产品,并和目标产品共同呈现;此外,软件还会根据用户总体的访问数据,对版面的分类、布局进行改进,提高客户的体验。当访问数据体现出某款商品的评价不高、访问量持续降低时,电商也会及时进行调整。

数据之所以是一种资产,是因为移动社交电子商务可以通过数据监控和分析敏感地把握市场,并看到客户直接行为表现的变化。同时,通过这种方式,传统和单一的操作模型也可以得到立体化改进。企业可以通过不同的数据为新老客户提供个性化服务和差异化价值。为了获取和利用这些资产,电子商务需要积极构建数据库,并从以下四个方向入手。

1. 标准化

标准化数据收集,并为每个部门或团队建立统一的标准,包括如何收集数据、收集什么数据,以及从什么平台收集数据。这样,从不同路径采集的数据才有了真正分析和利用价值的可能。

2. 保存数据

统一组织和存储不同的数据,而不是分散在不同的位置。同时,在分析完数据之后,最好以图形的方式呈现。通过这种方式,公司可以清楚地看到变化。

3. 及时调整数据来源

跟踪客户的个别变化,并对数据进行调整。例如,客户的社交账户中有了一个经常与之互动的新人,或者客户的位置发生了变化,这些都会影响公司数据收集的目的和内容。同时,客户的兴趣和需求也会发生变化。比如在一定时间内搜索与汽车相关的关键词,背后反映的是客户对汽车需求的变化。

4. 优化数据标准

公司需要有具体的数据分析标准，但这些标准正在与时俱进。例如，过去消费者在选择好的普通摄影设备时，通常会搜索卡片机、相机等，但今天的消费者会搜索带有精密相机的手机。再比如，传统电子商务企业通常只提供邮箱注册账号这种方式；但在移动社交时代，消费者想要一种更快的注册方式。这些情况要求企业不断改变数据收集、观察和优化的标准，以达到最佳效果。

第三章

"互联网+"时代的新媒体营销

第一节　微博营销

一、微博运营概述

(一) 微博的定义

在WEB2.0发展起来的时候，诞生了博客这种用户创作和发布内容的互联网应用形式。后来，随着智能手机的普及应用，微博逐渐发展普及并得到了大家的欢迎。微博其实就是微型博客的意思，相对于博客来说，内容短小精悍，让用户更容易获取信息、乐于分享及传播，目前已经成为了移动互联网中较受欢迎的平台之一。

(二) 微博营销的定义

微博营销是指通过微博平台为企业或个人创造价值的营销方式，也指企业或个人通过微博平台发现和满足用户各种需求的商业行为。微博营销将微博作为一个营销平台，将每一位粉丝视为潜在的营销目标。企业利用微博向粉丝传播企业和产品信息，树立良好的企业和产品形象。企业每天更新内容，与粉丝沟通和互动，或发布粉丝感兴趣的话题，以实现营销目标。

微博营销强调价值传递、互动内容、系统布局、精准定位。微博的火爆发展也使其营销效果尤为显著。微博营销的范围包括认证、粉丝、朋友圈、话题、头条文章、整体运营等。

二、微博营销的步骤

（一）做好微博定位

企业首先要做好市场细分，定位目标群体。注册微博后，企业需要给微博拟定主题，如财经类、搞笑类、购物类、时尚类、美妆类等，只有清晰的主题才能够吸引粉丝。

（二）彰显个性风格

拟好微博的主题后，企业要为微博确定彰显特色的风格。微博不能做得太大众化，也不能做得像广告，应该做得符合目标人群的喜好。所以，注册好微博后，企业不能急匆匆地对网站进行宣传，而是应尽快完善自己的资料，选择具有代表性的头像，填写吸引人的简介，让粉丝认识到该微博能带来怎样的信息、怎样的体验。企业发表的微博要具有原创性和互动性。

（三）内容新颖别致

在完成前期工作后，企业要进行更重要的工作——充实微博内容。不能总是发布内容重复的微博，这样会使粉丝渐渐丧失兴趣，只有每天发布让粉丝感兴趣的、有创意的、新颖的内容才能提高用户体验。

（四）广告内容简洁

当微博粉丝达到一定数量的时候，企业就可以开始推广了。但要注意的是，不能太频繁地发布广告，不要每天都发，不要因为大量的广告而失去个性，这样会让关注度下降，甚至会使粉丝取消关注。

（五）发微博的时间恰当

一篇再好的微博，如果没被注意或者被其他内容覆盖，那也是失败的。企业应善于利用粉丝的空闲时间发布微博，这样不但能提高每篇微博的效果，还能节省自己的时间。一般来说，发微博的最佳时间段为08：00到09：00（上班前）、11：30到13：00（午饭）、17：00到18：30（下班后）、21：00到22：30（晚上的休闲时间），这些是人们浏览微博最多的时间段。当然，企业要根据粉丝的地区和目标人群的日常习惯等做出适当的改变。

三、微博的使用功能

(一) @功能、话题、图文信息、视频、头条文章及直播

微博的基本功能是生产和传播图文、视频等内容。账号生产的内容可以通过"@微博账号名称"提醒其他账号查看、评论和转发；通过"@功能"，企业可以跟任何相关联的微博账号发生联系；通过"#关键词#"，企业可以发布话题，引发讨论，有效植入品牌和产品信息，提高曝光度；通过"头条文章"，企业可以发布图文混排的长内容，"头条文章"在一定程度上弥补了微博早期内容过于碎片化的不足。

在文字数量上，上线初期，微博对图文信息做了最多140字的限制。后来，微博取消了发布字数的限制，用户可以发布多达2 000字的长微博，超过140字的长微博在信息流中依然只显示140字。但在文末有"展开全文"的标识，点击它即可查看全文。除了长微博外，微博还开放了"头条文章"的文章发布。

在图片发布上，微博也进一步升级。最初，微博一次最多可以发布9张图片。现在，微博单次发图的最大数量是18张，但在主页仍然只显示9张，超过9张的图片会被折叠，仅显示数量。

(二) 群发功能

微博可以群发信息，内容可以是图文、视频等不同内容。但是，每个账号每天只能群发一次，群发内容需要经过审核，审核通过后才会发送至对应用户。

(三) 关注回复

微博账号可以通过设置"关注回复"来优化互动服务，提升互动效率，增加信息曝光的机会。微博提供了"被关注自动回复""私信自动回复""关键词自动回复"三种不同类型的关注回复功能。回复内容可以是图片、文字及图文信息，但暂时不能用视频进行回复。

"被关注自动回复"是用户关注账号主体时会收到的自动回复，"私信自动回复"是用户与账号主体进行私信时会收到的自动回复，"关键词自动回复"是用户在与账号主体沟通时出现特定的关键词将会触发的回复。

(四) 自定义菜单

在微博账号认证后，用户可以设置自定义菜单。菜单的设置可以有效帮助用户获取账号信息，查看从企业微博账号跳转或导流到的其他官方新媒体平台。

菜单的内容可以是图片、文字、语音等，也可以是网页链接。

（五）运营活动

微博运营活动的抽奖中心为账号主体提供了完善的抽奖活动设置和活动数据分析功能，从而帮助账号主体更好地展开线上活动，增强账号主体与粉丝的互动。

（六）微群管理

在微博中，用户可以建立微群，并对微群进行管理。用户在微博移动端消息页面的"发现群"中可以查看已有的微群并选择是否加入。账号主体可以发起群聊。

四、微博的营销价值

微博是社会化媒体中用户较活跃的社交平台之一，因内容篇幅短小、发送信息方便而改变了信息的传播方式。微博带来的营销价值是不可估量的，具体体现在以下五个方面。

（一）微博是品牌传播的利器

品牌效应是企业的核心竞争力，越来越多的企业开始重视新媒体对于品牌传播的重要性。品牌宣传是一个长期的过程，微博的即时性、互动性、低成本等特点使其成为企业开展品牌推广的重要平台。微博可以帮助企业进行品牌传播，企业可建构出微博的信息传播模型，利用微博进行传播。

（二）微博是客户关系管理的绝佳助手

企业可以使用微博来运营、维护和服务客户。许多公司推广的基本策略是通过微博与目标客户进行一对一的沟通，转换他们的购买力或鼓励他们购买额外的产品。在以客户为中心的商业模式中，客户关系管理要求公司与客户保持持续的联系，不断地向客户传达产品和服务的信息，并收集客户的反馈。目前，微博的客户服务主要集中在客户咨询、投诉处理、征求意见、市场研究等方面。

（三）微博是市场调查与产品推广的创新工具

市场调查是企业营销的重要组成部分。通常，企业可以通过问卷调查、手动搜索和数据购买等方法来研究消费者的需求和偏好，以获得所需的信息。但这些调查方法需要大量的财政和人力资源，其效果因行业而异。微博的出现为企业提供了一种廉价而有效的创新工具。企业以自我媒体的形式发布信息，不收取任何费用。通过这种方式，企业只需要投入少量的员工就可以与大量的受众进行沟通，并获得消费者的意见和需求。

微博具有媒体和社交媒体的双重属性，不仅对品牌的展示有很大的价值，而且对产品的推广和销售的吸引也有很大的价值。与此同时，企业可以引导客户通过微博分享订单和产品，提高客户转化率，改善他们的消费体验。

（四）微博是危机公关的理想选择

微博不仅为企业提供了产品营销的平台，还为企业提供了一个处理公关危机的平台。微博既是品牌推手，又是解决品牌危机的利器。在现代信息社会，企业不能预知哪个环节会出现问题，一旦发现了危机的苗头，就可以马上利用微博探知大众对危机事件的态度，进而迅速采取适当的措施，防止事态恶化，将危机控制在萌芽状态。

（五）提供无障碍沟通

微博具有很好的互动交流特点，其灵活的互动可以帮助企业在与用户交流时不受时间和空间距离的限制，让来自全球不同地方的趣味相投的人实现实时沟通，让企业与用户直接进行更直接、更深层次的交流成为可能。

五、微博的传播特征

微博作为一种新型的网络媒体，不仅具有网络传播的特点，而且具有独特而鲜明的传播特征。

（一）操作简单，内容原创性强

微博的操作方法简单，对用户的写作能力要求相对较低。一张图片加一句话就可以成为一篇博客短文，大大降低了进入门槛，促进了微博的普及。同时，用户可以通过微博平台的搜索、转发、评论、收藏、关注等功能快速查看信息和感兴趣的话题。只要你点击关注，就意味着你愿意接收某个用户的更新。一些公众口中的原创句子在微博上传播后也被认为是经典。

（二）传播内容多样化

微博利用多媒体技术，如文字、图片、视频等多种形式，进行多元化传播。信息的生动、视觉化呈现增强了用户的阅读体验，提高了用户的黏性。

（三）信息传播实时快速，收发方式多样

微博用户打破了时间和空间的限制，通过网页、移动设备等发布和转发信息，实现了跨媒体、跨系统、跨平台的实时传播。信息传播的速度也呈指数增长。

（四）传播信息的碎片化和去中心化

早期，微博因为限制，被限定了内容和信息量，所以呈现出碎片化的特点。尽管信息高度碎片化，但那些具有高关注度的群体的言论，比如明星、企业家、大V的言论，或者其他具有高关注度的新闻事件也能在海量信息中凸显，被大多数人关注。随着微博的快速发展，微博的"头条文章"和"群发信息"等功能弥补了其在长内容沉淀上的不足。

（五）传播主体大众化

微博影响力的广泛首先体现在其释放了社会的话语空间。微博极大地降低了普通人发布信息的门槛，任何人都可以随时随地发布其感兴趣的信息、自己的日常生活记录或者个人感想。与传统大众传媒严肃、权威的面孔不同，微博提供了一个平等的交流平台，让沉默的大多数有了发声的机会，每个普通的个体都可以生产、传播、接收信息。与此同时，微博传播是一把双刃剑，有利有弊。比如，微博也带来信息繁杂、真假难辨，网络暴力等负面影响。

（六）传播方式交互化

当下，生活节奏很快，信息呈爆炸式增长，人际交往扁平化和快捷化。人们普遍需要传递信息、表达情绪、分享感受的机会，微博的交互功能自然受到人们的关注。任何一个微博用户在转发关注者发布的信息的同时，都可以对信息进行二次加工，把接收到的信息加工后转发给自己的粉丝。所以，微博用户的身份可以随时在发布者、接收者和传播者之间切换。

第二节　微信营销

一、微信概述

（一）了解微信

微信是一款移动社交软件，可以发送图形和文本消息、语音、视频和支持功能，如多人语音通信等。用户可以在微信朋友圈上与朋友实时分享他们的日常生活。作为当今最流行的移动社交平台，微信正在改变人们的交流和生活方式。许多公司利用微信公共平台为用户提供个性化服务，用户可以通过微信体验更方便的移动互联网生活。

(二) 微信公众号

微信公众号是商家在微信公共平台上使用的应用账号。通过微信公众号，企业可以在微信平台上与特定的文本、图像、语音和视频组进行多维通信和互动。

微信在人们的生活中变得越来越重要。视频通话、语音信息和在微信上滚动社交媒体已经成为许多人的日常习惯。哪里有客户，哪里就有市场。因此，微信背后隐藏的巨大商业机会不会被忽视。微信官方账号以其庞大的粉丝基础、用户友好、资源开放等特点吸引了越来越多的企业。

二、微信的营销价值

(一) 完整的商业闭环

在互联网商业生态领域，比较经典的是 AARRR 模型（海盗模型）。AARRR 模型包含所有环节，在微信系统的产品生态中都能实现，整个过程不存在任何平台跳转所带来的流量损失。更重要的是，在这样的商业闭环中，每一个环节的数据都是无缝连接的。商业行为在微信平台上不仅可以实现业务的闭环、体系平台的闭环，还可以实现数据的闭环。完整的数据处理能力是企业进行优化提升，保持良性运作的基础。

(二) 巨大的流量和信息入口

微信是一款国民级互联网产品，私域流量、公域流量、商域流量完整，是一个巨大的移动互联网流量的入口。移动互联网流量的入口又是信息的接口。在个人计算机时代，企业需要使用官网为客户提供信息查询服务。在移动互联网时代，企业依然需要这样的官方入口，其呈现形式便是手机软件。而拥有庞大用户规模的微信为企业微信公众平台提供了接口，可以接入在官方微信平台发布的企业介绍、产品服务、联系方式等信息，还能通过底部菜单跳转到官网。

(三) 便捷高效的客户服务

客户关系管理的核心是通过自动分析来实现市场营销、销售管理和客户服务，从而吸引新客户、保留老客户、将已有客户转化为忠实客户，增大企业的市场份额。微信作为用户数据最大、使用频率最高的沟通工具，极大地方便了用户与企业的沟通。将微信与企业原有的客户关系管理系统结合，可实现多人人工接入，提高客户对企业服务的满意度。而企业通过设定相关的关键词，可以实现自动回复，并降低人力成本。在此基础上，小程序、公众号等可以帮助企业完成引流工作。

（四）社交关系链中的电子商务

未来的零售业是全渠道的，企业需要尽可能地让消费者随时随地、方便快捷地购买到自己想要的产品。在微信的产品形态中，个人微信和社群可以实现消费引导，微信公众号和小程序可以实现在线转化。如果用户在看微信图文时想买某件商品，可以不用离开微信而直接下单和支付，甚至可以在微信中查询物流信息、咨询客服。这种电子商务基于一定的社交关系，有社交关系带来的信任感，从而使电商环节更畅达。

（五）塑造品牌和宣传形象

微信是一个社交平台，也是一个内容平台。微信公众平台可以承载文字、图片、音频、视频等多元化呈现形式，重点在于长内容的输出。而改版后的微信将在短内容领域发力，其完善的内容平台、丰富的呈现形式能帮助企业进行多维度的品牌展示。微信的社交属性又提供了实用高效的互动工具，可以帮助品牌精准地投放信息，便捷地与用户互动，从而塑造品牌形象，深化品牌传播。

三、微信公众号的使用功能

（一）自动回复

微信公众号的自动回复中有"关键词回复""收到消息回复""被关注回复"三种功能，可以在微信公众号的自动回复功能中自行设置。

1. 关键词回复

公众号主体可以在"关键词回复"中添加关键词，对访问者涉及关键词的留言进行快速的自动回复。回复内容可以是文字、图片、音频、视频。账号主体一般会通过"关键词回复"对用户的需求进行引导和分类，并快速做出回应。

2. 收到消息回复

"收到消息回复"功能可以对没有涉及关键字的信息进行首次引导回复。回复的内容可以是文字、图片、音频、视频等。公众号只能设置一条"收到信息回复"，暂不支持设置长图文信息、网页跳转链接。

3. 被关注回复

如果公众号主体设置成"被关注回复"，公众号在用户关注时发送回复，提供客服引导、业务介绍等相关内容。

（二）自定义菜单

在微信公众号平台的"自定义菜单"选项中，企业可以完成对自定义菜单的设置。早期的微信公众号平台仅对服务号开放了菜单功能，现在服务号与订阅号均可设置菜单。

（三）留言管理

粉丝可以对微信公众号所推送的内容进行评论和转发，但微信的留言需要经过管理人员的审核才能出现在推送内容中。在"留言管理"模块，用户可以对各种评论进行精选、置顶、删除、回复等操作。

1. 精选

点击留言右侧的黄色五角星，可以对留言进行"精选"和"取消精选"的操作。精选留言将会出现在评论页面下方，"取消精选"则会将留言撤出文章内容的评论页面。

2. 置顶

点击留言右侧的按钮，可以对精选留言进行置顶管理。置顶后的留言将会出现在留言页面的最上方。置顶留言按照时间顺序排列，后置顶的排在前面，未置顶的精选留言以点赞数排序。置顶留言是一个非常实用的公众号运营工具，能够为公众号的内容提供一些补充信息并对其进行勘误。同时，运营者还可以将引导读者互动的留言置顶，提高互动性。

3. 删除

点击留言右侧被折叠的部分，可以对留言进行移入垃圾留言或删除留言的管理。将留言设置中的"屏蔽骚扰留言"选项开启后，存在骚扰行为的留言或黑名单用户的留言也会被移入垃圾留言。

4. 回复

要及时对留言进行回复，解答用户问题，拉近微信公众号与粉丝的距离。

（四）投票管理

投票管理功能可以帮助账号主体收集粉丝的意见，点击"投票管理"中的"新建投票"，可以进行相关设置。投票设置完成后，必须插入微信公众号所推送的图文消息方可生效。投票管理能统计该投票活动在各个渠道的累计结果，包括群发消息、自动回复、自定义菜单等。在投票管理页面的右上方有"公众平台投票规则说明"，用户可以点击查看。

（五）客服功能

开通"客服功能"插件的权限后，企业可以在"客服功能"中绑定、管理客服人员。绑定后的账号主体可以通过在线客服功能进行客服沟通。在"客服数据"中，可以查看客服的接待人次、回复消息数量等信息，以此辅助客服管理。在"客服素材"中，可以添加文字信息，规范客服用语，更好地方便客服人员的工作。

1. 客服绑定

已绑定的客服人员可以通过手机微信扫描"客服功能"的二维码，登录客服账号。客服人员登录后即可看到与公众号对话的粉丝，可选择是否接入对话。只有运营人员方可进入微信公众号的后台，而"客服绑定"为客服人员提供了不进入后台也可以进行客户服务的功能。

2. 客服状态切换

点击"在线状态"，可以选择在线、离开或退出登录，进行客服状态的切换。

3. 接入设置

客服人员上线后，点击"待接入"，即可在"待接入"列表中手动接入待回复的对话，并可以在"设置"的"接入设置"中开启自动接入。在接入客户时，客服人员还可以选择是否启用自动问候语，系统默认的问候语是"您好，很高兴为您服务。"当然，客服人员也可以对问候语进行编辑。

4. 离开设置

客服人员可以在离开时选择是否启用自动回复，并设置离开状态时的自动回复内容。

5. 回复设置

客服人员在回复设置中可以自定义回复的内容，也可以在微信公众平台的"文字素材"中进行选择。

(六) 赞赏功能

用户可以通过"喜欢作者"赞赏作者。当微信公众号使用已创建的赞赏账户时，不需要邀请，且不占用名额。当微信公众号声明文章原创时，可以查找赞赏账户的名字，选择了赞赏账户的文章，就可以开启赞赏。

(七) 原创管理

在"原创管理"功能下，账号运营者可以对在微信公众号发表的原创文章以及长期转载的账号进行管理。在原创文章中，可以通过"转载设置"，对单篇文章添加转载账号，也可以移除和添加长期转载账号。添加单篇文章转载的账号可以在自己的微信公众号上对相应的文章进行转载推送，其内容会正常显示，不会被折叠。被添加为长期转载的账号可以在自己的公众号上对被转载公众号的任意文章进行转载推送，其内容会正常显示，不会被折叠。

(八) 小程序

在小程序部分，账号主体可以对公众号添加关联和管理所使用的小程序，此后，就可以在微信公众号的图文消息、自定义菜单、模板消息等场景中，使用关联后的小程序；关联后的小程序可以辅助公众号完成在线支付、查询购买等功能。

（九）微信支付

微信支付是微信公众平台向有出售商品需求的微信公众号提供的包括推广销售、支付收款、经营分析等的整套服务方案，也是微信在商业领域的布局中最重要的一个环节。通过认证的服务号，或以政府、企业为主体的订阅号，都可以开通微信支付的功能。开通微信支付后，账号主体可以通过自定义菜单、关键词回复等方式向订阅该微信公众号的用户推送商品消息，用户可以在微信公众号中完成选购、支付的全流程。

账号主体也可以把商品的网页生成二维码，张贴在线下的各种应用场景，如人流量大的区域的户外广告。用户扫描二维码后即可打开商品详情，并且在微信中直接完成购买。账号主体可以在微信公众号后台的"微信支付"功能栏中申请开通微信支付。

（十）消息管理

微信公众平台"消息管理"页面展示的是粉丝发送过来的即时消息，账号运营人员可以在此页面内查看并直接回复消息。回复消息的数量没有上限，在消息搜索输入框中输入关键字即可搜索相关的消息。

1. 标记星标消息

系统会保留微信公众号收到的粉丝最近五天发来的消息，图片和语音只保留三天，超过时间的消息会被自动清空。可以在"实时消息"中，把粉丝发送的消息标记为"星标消息"，"星标消息"将永久保存。单个粉丝的实时消息最多可以保留二十条。图片须在有效期内被标记为"星标消息"才有效，如果图片出现"裂开"的状态，则无法保存。图片、语音在有效期内可另存至素材。

2. 隐藏关键词消息

在"自动回复"设置中，微信公众号平台提供了关键词的自动回复功能，用户发送包含关键词的信息时，会触发设好的自动回复内容。如果在消息管理中勾选"隐藏关键词消息"，用户发来的关键词消息则会被隐藏，帮助账号运营人员更方便地进行人工回复。如果未勾选该功能，粉丝发来的关键词消息会显示出来，从而触发关键词的自动回复。

3. 屏蔽骚扰消息

屏蔽骚扰消息可以让微信公众号投诉粉丝的骚扰行为，勾选后便默认微信公众号投诉该粉丝。后台会进行统计，在确认骚扰行为属实之后，便标记该粉丝发送的消息为骚扰消息。这便于账号运营者更好地与粉丝进行互动，避免骚扰发生。

（十一）用户管理

在用户管理选项中可以展示关注公众号的粉丝，在搜索框中可以快速地检索出已关注公众号的粉丝账号。

1. 已关注

对于已关注公众号的粉丝，公众号可以修改备注，支持使用特殊符号，没有修改次数限制，也可以对粉丝进行分组管理。分组中的排序是按粉丝加入此分组的时间顺序排列，最近加入的粉丝会排在前面。

2. 黑名单

在用户管理中将粉丝添加到黑名单后，此粉丝将无法再收到该公众号的群发消息及自动回复消息，但可以查阅历史消息。而且，粉丝被加入黑名单分组后，给公众号发送的消息将不会在消息管理中显示。就算之后该粉丝被移出黑名单，公众号之前发送的消息也不会显示。在被加入黑名单后，如果取消关注公众号，再重新关注公众号，该粉丝仍然无法接收到公众号的群发消息及自动回复消息。

（十二）素材管理

在素材管理模块，账号主体可以对该账号所有的图文、音频、视频等素材进行修改和删除。

（十三）统计

同其他新媒体平台一样，微信公众平台也为账号提供了基础的数据分析功能。在微信公众平台的"统计"选项中，账号主体可以查看该账号在用户、内容、消息、菜单等方面的数据，可以导出数据，以便更好地运营公众号。

四、微信公众号的营销策略

如何运营好微信公众号以达到营销目标，抓住微信的社交红利，成为许多电子商务企业或团队研究的重要领域。

（一）明确微信公众号的定位和发展方向

企业需要对自己的产品、服务、品牌等进行定位，以培育竞争优势。企业微信公众号必须结合自身定位，明确自己的优势和资源，明确自己的服务受众，明确自己的服务类型。如果定位出现偏差或错误，将给后续操作带来困难，甚至失去操作价值。定位是澄清谁在对谁说话，该说什么以及如何说的过程。"谁说"是公众号的价值取向，要用一句话来阐明公众号的功能和价值；"对谁说"是公众号的受众导向，是"说什么"和"怎么说"的前提；"说什么"是公众号的内容导向，只有坚持以受众需求为导向，内容导向才能正确；"怎么说"是公众号的风格取向，公众号的风格直接取决于受众。

（二）面向受众需求完善微信公众号的功能

1. 确定公众号类型

微信公众号主要包括服务号、订阅号和企业号。从功能上看，服务号侧重于服务用户，订阅号侧重于信息传播，企业号侧重于生产经营管理。从适用范围来看，服务号主要适用于有需要的媒体、企业、政府或其他组织，订阅号主要适用于有需要的个人、媒体、企业、政府或其他组织，企业号主要适用于有需要的企业、政府、事业单位或其他组织。一般来说，在消息推送方面，服务号每月最多推送4条消息，订阅号每天最多推送1条消息，企业号每分钟最多推送200条群发消息。企业可以根据这些差异和自身需求选择合适的公众号类型。

2. 布局自定义菜单

自定义菜单是微信公众号的基本功能。定制菜单可以实现多种功能，满足公众的不同需求。微信公众号在自定义菜单上有分类和层次结构的限制，所以它必须进行统筹布局，以充分利用有限的资源。

3. 设计自动响应功能

全球的自动回复功能主要包括自动回复添加的单词和自动回复关键字。添加的自动响应是用户关注全球后的互动场景，它可以清楚地告诉用户全球有哪些功能，可以提供哪些服务。全球运营商应该仔细设计并添加自动回复内容，通过简短明了的文字引导用户参与跟踪体验。自动关键字响应允许用户主动输入关键字并获得所需的信息，通过简单的交互增强用户体验并增加用户的黏性。

（三）以原创内容提高公众号客户黏性

1. 原创内容的重要性

内容是公众号的核心。内容制作的本质是吸引和留住用户，增强信任和口碑，从而增强微信公众号用户的黏度和影响力。在内容制作方面，仅仅通过转发来自其他媒体的信息是不可能实现这一目标的，因为这些内容与自己的微信公众号的定位不一致。高质量的原创内容是微信公众号生存、发展和成长的基础。高质量的原创内容必须以满足观众的需求为基础。公众号运营者必须分析其目标受众的需求和企业的情况，持续向用户传播优质原创内容，有益、有趣、温暖，有热点和参与度，构建一个良性循环：发布优质内容吸引用户的关注——持续发布优质内容增加用户黏性——不断增强微信公众号的影响力。

2. 原创内容的必要性

如今，碎片化阅读已成为移动互联网时代的一种趋势，企业微信公众号的内容也应积极适应这种阅读模式。与其他媒体相比，微信公众号最明显的优势是可以将视频、文本和音频结合起来发送。微信公众号的内容应该流行、简洁、美观，要使用高质量的图像、短视频、音频来突出中心、重点和优势。注意内容布局的细节，如标题的创建、字体的选择、段落的布局、图像的选择等，确保插图内容的完美呈现。定期分析喜欢率高的文章，研究基本模式，不断提高内容的质量和吸引力。在你的文章中加入互动机制，在内容开始时用简单有趣的文字或图片来吸引注意力，在内容结束时引导分享。在选择发布信息的时间时，要充分考虑用户的旅行时间、网络环境、日常习惯等因素，鼓励用户逐步养成阅读习惯。

（四）注重推广以提升公众号影响力

1. 用二维码进行推广

在开通公众号后，如何让目标受众知晓和订阅，需要公司有序、持续、多渠道地推广，不断增加用户订阅量，保证微信公众号的良性发展。微信公众号推广应以二维码推广为主，采取线上线下结合的形式。在线上推广方面，可以将二维码挂在公司网站、微博、博客、邮件等，也可以与商业伙伴进行微博、微信的互相转化借粉。在线下推广方面，二维码码可以印在名片、形象画册等公司宣传资料上，也可以印在展台、活动、会议等现场文件上，还可以在员工餐厅以"码送优惠"等模式引导顾客的注意力。同时，通过线上推广和线下活动的形式，实现线上线下融合链接，也有利于推动微信公众号影响力转化为现实。

2. 通过活动进行推广

为了组织针对不同群体的促销活动，企业应积极鼓励和引导用户关注和传播微信公众号。活动形式多种多样：可以是有奖关注、有奖调查、有奖问答等，为用户设置奖励，鼓励他们参与活动，分享活动；还可以制作吸引用户积极参与并引导他们在朋友圈转发的互动游戏；还可以利用免费平台打造个性、创意和互动的页面，用各种活动吸引用户的注意力。活动期间，注意策划人员实时跟进流程，发现问题后及时调整，确保活动正常进行。活动结束后，对整个活动过程进行分析和评估，对新用户、用户活动等数据进行详细分析，总结经验教训，规划下一个活动。

第三节　短视频营销

一、短视频概述

（一）短视频的定义

业界把视频大致分为三类：短视频（1分钟以内）、中视频（1～30分钟）和长视频（30分钟以上）。对视频的具体划分却不必固化，比如，在快手平台上，10分钟的视频便可被称为长视频。

因此，短视频是指时间长度在几秒到几分钟不等，通过各种新媒体平台广泛传播，以大众喜闻乐见的内容为输出要点的视频。短视频的内容包含了技能技术、时尚潮流、社会热点、公益教育、广告创意、商业定制等多种多样的主题。短视频的时长较短，可作为独立片段，也可拍摄相关内容组成专题系列。

（二）短视频的特点

1. 时长较短，传播速度快

随着移动互联网时代的到来，短视频时长短的特点满足了人们在碎片化时间观看视频的需求。短视频丰富多彩、不固化的内容十分方便受众观看，再加上其短小、易于操作的形式越来越为人们所喜爱。随时随地拍摄、发布、观看和互动的特点也进一步推动了短视频在移动智能终端的快速传播。

2. 制作简单，准入门槛低

与以时长60～120分钟为代表的传统影视作品相比，短视频的制作相对简单，拍摄流程简化，制作时间急剧减少。与传统影视作品相比，短视频的准入门槛大幅降低。再加上摄影技术及软件的不断革新与升级、移动智能终端的成熟和广泛普及，短视频受众在大幅增长的同时，可以凭借智能手机、平板电脑等移动智能设备轻松实现短视频的拍摄、制作和发布。由此，短视频行业出现了一大批UGC（用户原创内容）制作者。

3. 用户参与积极，社交属性强

短视频平台与传统的视频网站有着迥然不同的理念。就国内现在视频网站的"三巨头"（爱奇艺、优酷、腾讯视频）而言，由于准入门槛高且以长视频为主，绝大多数用户只是单方面的内容接收者。而就短视频平台而言，由于较低的准入门槛和制作成本，以及更贴近用户生活的实际需要，短视频平台的用户除了是内容的接收者以外，还很容易成为内容的创作者和短视频的参与者。由此可见，短视频平台为用户提供了创意和分享的舞台，打造了众人参与、人人互动的行业生态，在突破时空、人群、内容限制的同时，吸引用户广泛参与，传递出了类似社交平台的社媒理念。

二、短视频的商业模式

短视频从最初的以优质内容吸引流量并向互联网要用户的成长模式，逐渐转变为与各平台合作的商业模式。短视频具有多元精彩的内容、方便频繁的互动、丰富新颖的表达等优点，为人们所喜爱，因此短视频行业为内容生产者、从业者和承载平台等各方都带来了巨大收益。随着经济技术的发展，各方联系也越来越紧密。下面，笔者仅对现在比较成熟的短视频商业模式进行讨论。

（一）以植入广告为主的原创内容营销（内容+品牌植入）

在快节奏的高速网络时代，人们普遍追求简单、方便、不麻烦的生活方式。所以，在通常情况下，输出往往比接收难很多。因此，不论是在传统的媒体网站还是在新型媒体平台上，输出内容（特别是输出有价值的内容）才能吸引大规模的用户群体，扩大受众范围，从而获得成功。

短视频营销之所以能够达到营销目的，最重要的原因是视频内容。视频内容是短视频的起点，一个没有内容的视频就是在浪费用户的时间。若用户在所有的短视频上都看不到最新的信息、有趣的视频、有用的知识等，那么短视频必然会被人们放弃。因此，短视频的基础是内容。而短视频内容的本质是流量，无论是平台、机构还是个人，从前期到后期，都在通过自己的方法吸引和获得流量。流量越大，视频创造和得到的收益就越大。因此，不论是短视频平台还是创作者个人，首先要通过内容吸引流量。有了流量，平台和个人的短视频才有价值，品牌方和企业才会与其合作。因此，短视频营销最主要的模式——植入广告（内容+品牌植入）便应运而生。

根据合作对象的不同，品牌广告植入可以分为企业与短视频平台合作，以及企业与短视频创作者签约合作两种方式。其中，企业可以与拥有细分市场、目标客户流量的短视频创作者合作，更有针对性地投放广告。而短视频创作者可以与短视频平台对接或与企业联系接广告以提高变现能力。不过，短视频创作者最好从短视频平台接广告，私下接广告存在被封号的风险。

具体来说，以植入广告为主的原创内容营销（内容+品牌植入）有以下四个特征。

1. 软广告植入

与电视或传统视频网站上的硬广告相比，将品牌、产品功能、企业文化植入短视频中，可以减轻或避免目标客户对商业推广的反感和排斥。短视频可以在呈现故事、发挥互动优势、引起观众共鸣的同时，保证产品或品牌曝光，潜移默化地为广告宣传延长时间并提高消费者的消费欲望。

2. 灵活性较好

相对于传统广告，短视频广告的制作难度较小、制作耗时较短，且短视频广告能够随时投放。因此，企业在进行短视频推广时，可以根据市场需求随时调整投放方案，也有利于应对突发情况并变更计划，更好地配合产品的整体营销策略，从而达到最佳的宣传效果。

3. 互动性极强

短视频平台本身有着极强的社交属性，可以更直接地与用户进行互动和信息共享。通过大数据或其他算法的运行，企业可以了解目标客户的需求和偏好，及时洞悉市场变化趋势和行业发展方向。同时，企业也可以快速获得消费者对产品的评价和反馈，从而能够做出最快的反应并开展更合适的营销。

4.实现商业性营销

随着短视频平台的发展，企业已经将商业性营销融入短视频中了。

（二）通过内容引导电商（短视频内容+电商）

除了广告以外，网红经济和电商经济是与短视频融合得比较好的商业模式。自互联网产生以后，不论媒体平台如何变化，电子商务的发展始终呈上升趋势。短视频商业化大部分是在为电子商务服务。由短视频平台导入具体购买平台的二类电商是短视频营销的重要模式，能够实现电子商务与短视频的双赢。因此，"短视频内容+电商"也是短视频营销的重要模式。短视频平台可以与电商平台合作并授予权限，允许平台间的直接跳转，为电商平台引流。

首先，短视频制作者可以在短视频里直接售卖产品，以及在短视频中添加手工艺品、农村土特产，这些是很常见的营销方式。其次，短视频制作者可以通过短视频平台小店销售产品或引流至第三方购物平台。这种营销模式如果成功，便对产品的规模生产提出了要求。同时，产品是否标准化、产量是否充足等也是应考虑的因素，当然也不排除顾客的个性化定制需求。

（三）短视频+直播

在短视频平台上直播带货也是比较常见的营销模式。这种营销模式加入了直播元素，受众可以通过短视频界面，进入直播界面，观看主播直播并点击链接购买商品。不论是品牌方直播、网红直播，还是个体小商户直播，他们为受众介绍商品并增加互动，既增加了粉丝与主播或短视频作者的黏性，又加强了短视频作者与短视频平台的联系。在达到营销目的的情况下，这种营销模式增加了短视频平台的流量，推动了短视频平台的发展。此外，直播打赏也可以成为短视频盈利的商业模式之一。如果一个短视频平台开发了平台虚拟货币，那么直播打赏就可以成为主播的变现方式之一。

（四）其他领域的收入

随着5G时代的到来和全媒体平台的繁荣，除了以上三种常规的商业模式外，短视频平台还可以通过为特定用户提供定制服务，与其他产业相联系，如推出红人计划、为其他平台引流等，来拓展新领域的收入。

当然，短视频创作者也可以通过拓展其他领域进行变现。例如，课程变现、资讯变现、技能知识变现、出版变现、探店变现、导游寻景变现等，都是已经出现的能够变现的短视频商业模式。以课程变现为例，在线教授知识与技能是一种内容营销，但这种内容营销其实在很多年前就已经出现，只不过课程变现通过借力短视频平台，以新的姿态迎合了消费者的需求。课程变现是在庞大的消费需求的基础上实现的。短视频创作者在短视频平台上制作教授知识与技能的视频，使课程变现成新的短视频商业模式。除娱乐、新闻等短视频平台上常见的内容以外，知识教育给短视频平台贴上新标签，并真正将差别迥异的内容纳入同一个平台。教育短视频的创作者可以将课程的购买链接放到短视频中，有购买欲望的消费者可以点击该链接跳转到专门页面付费观看教育短视频或下载学习。这就是课程变现——用较低的成本获得高额回报。但课程变现也必须以人为前提，大量的受众和潜在目标客户才是其成功的关键。

三、短视频的营销优势

营销是指企业通过一系列的手段，让消费者了解产品进而产生消费行为的过程。随着社会的进步和经济的发展，越来越多的营销方式出现，如服务营销、整合营销、社群营销等。作为网络营销的一种，短视频营销是文字、音乐和影像的结合体，并具备以下七点优势。

（一）互动性强

短视频完美地继承了网络营销互动性强的优势。受众可以在短视频平台的视频留言互动，因此短视频可以进行单向传播、双向互动，甚至多向交流。对于企业来说，短视频的这一优点可以帮助其获取消费者对产品的反馈，从而根据来自短视频的数据进行产品和服务升级。对于消费者而言，他们可以通过企业官方账号发布的短视频来了解新产品的属性、特点和优势，对比同系列产品或替代产品的异同；同时，他们还能通过短视频的互动留言功能与企业进行交流，表达自己的想法和意见，或点赞、转发自己喜爱的产品。

（二）传播快

短视频平台都支持用户点赞、评论、转载和分享，而且短视频平台的后台可以依靠大数据和算法，从而根据用户喜好推送相关短视频。短视频本身时长较短且难以复制的特点，能够很好地满足人们在快节奏的生活方式下对碎片时间的利用。因此，短视频受到受众的广泛青睐，并能够快速地在网络上进行传播。

如果一条短视频能够被用户大规模评论和转发，便很可能迅速成为全网热点，达到"病毒式"的传播效果。例如，除了支持用户评论、点赞以外，短视频平台还可以支持用户通过转发来提升火爆度，达到良好的营销效果。

除了平台内的播放、传播与转发，短视频平台还可以通过与微博、知乎等平台合作进行引流，在其他流量庞大的平台传播内容质量优秀的短视频，达到提高流量、吸引受众、加快传播的目的。

（三）成本低

低成本是短视频主要的营销优势之一。传统广告的营销成本通常可达几十万元，甚至几千万元，与之相比，短视频的成本明显较低。短视频的低成本特性主要体现在三方面，即制作成本低、传播成本低、维护成本低。制作一个能够吸引大众目光的短视频，需要有优良的内容创意、极具亲和力的呈现形式、良好的制作团队等条件。

短视频是否能够迅速传播，并不在于投入了多大成本，关键在于作品内容本身的优劣，即有没有能够真正打动受众并迎合受众需求的内容。

（四）效果好

短视频集图片、文字、音乐和影像于一体，相对于单一的图文营销，短视频营销能通过图文影音的结合满足用户的感官需要，为目标客户带来更直接的身心体验。因此，只要短视频拥有精彩的内容，具有价值和观赏性，能呈现出产品的优势和特点，能激发用户的内在需求，能接近受众的心理预期，便可以很容易地吸引受众的目光，得到受众的青睐，从而达到推动宣传并提高销量的营销目的。

短视频本身的特点及其商业模式的优势，使受众的感受更直观、画面感更强，还可以使短视频平台与直播、电商等平台结合。例如，受众可以一边观看视频，一边通过点击链接购买商品，这是有别于电视广告、广告牌等营销方式的巨大优势。电视广告、广告牌等营销方式没有直接的购买链接，消费者不能立刻浏览商品并下单。因此，除非急需某一商品，营销活动对受众的影响会随着时间的推移缩小。相比来看，事后购物的成功率往往要比此刻购物小得多。所以，短视频的营销效果是比较好的。

随着移动互联网的发展，大多数消费者，特别是年轻人都喜欢通过智能手机进行消费，这便造就了短视频营销在市场营销中不可或缺的地位。而短视频平台与电商平台合作，将商品链接置于播放界面或互动讨论区，即可达成一键购买。

短视频的良好营销效果源于消费者可以边看边得。画面、声音和操作直接而真实，使消费者容易感同身受，从而使其消费欲望激增。同时，由于电商的发展呈上升趋势，在现有的变现模式中，短视频平台与电商平台的合作还可以持续深入，以便发挥更大的营销作用。

（五）针对性强

与其他营销方式相比，短视频营销还具有针对性强这一优势。因为短视频营销可以精准地找到潜在目标受众，进而实现更加具有针对性的营销。短视频平台通常会加入搜索功能，并优化搜索引擎的工作方式。一般来说，受众在普通网页上搜索的是较为固定的一个或几个关键字，通常不会进行漫无目的的搜索。在大数据技术的加持下，短视频平台可以向受众更加精准和主动地推送，进而实现更具针对性的营销。

（六）可衡量

短视频作为网络内容提供的一种形式，其营销属性与大多数网络营销类似。我们可以对短视频的营销效果进行分析衡量。短视频的营销效果一般可以用数字来描述，如多少次点击、多少人浏览、多少次转载、多少人关注、多少人互动、多少条评论等。

（七）留存久

留存时间长是短视频营销的另一优势。在利用电视、广告牌等渠道进行的营销活动中，如果需要长期展示，就需要企业持续投入资金。一旦企业停止支付相关费用，就会导致营销活动停止。而短视频营销不会要求企业持续投入，也不会因费用问题导致停止，可以留存的时间久。而且，短视频的制作成本相对较低，短视频大多是由用户自己制作上传的，所以短视频营销受费用影响小。

第四节　直播电商

一、直播电商概述

（一）直播电商的定义

直播电商作为一种新型购物方式已快速发展起来。直接电商主要是指商家通过网络直播平台展示产品，与用户互动来增加产品销售和提升品牌知名度。电商直播平台有别于娱乐性直播平台：电商直播平台帮助商家直接进行交易，娱乐性直播平台并没有此作用。

（二）直播电商的优势

1. 产品直观性

在直播过程中，用户可以直接看到产品，主播可以根据消费者的互动及时反馈产品信息。这种及时反馈更加直观和真实，进而降低了信任成本和销售成本。

2. 用户互动强

一个好的主播可以通过良好的互动充分调动用户情绪，还可以根据用户的需求进行产品搭配，较快回应消费者提出的诉求。

3. 传播成本低

主播的持续曝光使其能够持续积累粉丝，并形成个人品牌，而个人品牌的建立极大降低了主播和粉丝之间的信任成本。

4. 需求链缩短

传统电商需要用户知晓产品并且产生购买欲望，需要通过广告进行营销。而用户还需要经过产品对比、口碑验证等环节，才进行购买。直播电商以主播为支点打造人设，并以严选为支点影响用户决策。用户不需要再去各个店铺找产品对比，而可在直播间直接购买，需求链就缩短了。

5. 供应链缩短

直播使品牌商家与主播直接对接，没有中间商环节，在价格方面有很大优势，可以让利给消费者。另外，主播因为有了粉丝群体，未来还可以形成反向定制，几乎实现零库存，最大程度放大了规模效应。

6. 场景化购物体验

直播电商打造了一个类似在商场里购物的场景，让用户有专属的购物体验。沉浸式的场景化购物可以最大限度地促成交易。

二、直播电商成功的四要素

（一）主播

直播电商成功最关键的要素就是有合适的主播。作为消费者和产品之间的桥梁，主播的人设适宜、画风匹配相当重要。

（二）用户

建立自己的私域流量也很重要，拥有自己的用户是主播带货的基础。忠实的用户会为直播买单，是带货的核心流量。

（三）产品

在直播电商中，供应链也是关键环节。产品质量过不过硬、价格有没有优势，关系到直播电商的成功。

（四）剧情

直播电商如同综艺节目一样，有提前设计好的剧情。这可以让整个直播环节变得可控，可控的剧情就是场域。在主播、粉丝、产品都具备后，剧情会推动交易大量成交，并推动整个售卖过程。

三、直播流程

（一）准备工作

（1）直播前的预热：提前24小时或48小时发布产品预告及发放福利。

（2）确保直播期间网络的稳定和设备的正常。

（3）熟悉直播产品。

（二）直播过程

在直播过程中，主播要注意节奏，要不断强调品牌魅力、产品成分，不要夸大功效，并在适当的时机发布价格，上架秒杀。直播产品分为流量款、爆款和利润款。流量款以微利或不赚钱的产品居多，主要用来吸引流量。爆款多为独具特色的产品和对用户来说极具吸引力的产品。主播在直播过程中需要使用吸引用户的话语来爆单。利润款多以个性款或新款为主，在没有价格比较的情况下发布为宜。

（三）直播结束

直播结束时，主播应注意三个重点。

第一，强调下单产品快速发货。

第二，跟进用户，进行社群维护。

第三，对下次直播活动进行预热，鼓励大家随时关注直播间动态。

直播结束后，主播对本次直播进行复盘，分析直播过程的数据，如粉丝量、互动指数、成交量等，总结直播活动的经验，以便下次直播顺利进行。

第五节　社群营销

一、社群营销概述

（一）社群的定义

在学习社群营销之前，我们需要把社群的定义梳理清楚。广义的社群是指在某些边界、地区或领域内发生作用的一切社会关系。社群是指有相同兴趣爱好、价值观的人基于共同的目标聚集在一起而形成的群体。社群在营销中的作用是加强与用户的关系，增强用户黏性，强链接用户，与用户做朋友，形成信任关系，进而使用户产生重复消费行为。

（二）社群营销的概念

社群营销是指通过某种载体，将有相同或相似爱好的群体聚集在一起，用有趣、专业的方式包装好产品或服务，将产品或服务推荐给这个群体来满足其需求并创造长期沟通渠道的社会化过程。根据社群营销的定义，社群营销的内容不仅是导购，还是对相关问题的讨论。不仅是现在比较主流的社交媒体，各种带有社交属性的线上平台及线下场所都可以作为社群营销的载体。

（三）社群营销的渠道

1. 微博

微博作为开放平台，其影响力和传播力十分强大，可以在短时间内获取较多用户，并基于用户层层递进的传播特性带来持续效应。

2. 微信

微信属于半开放平台，传播的方式限于朋友圈、微信群，在前期获得粉丝的成本较高，但是社群忠诚度较高。

3. 视频网站

国内比较主流的视频网站有腾讯视频、优酷、爱奇艺等。

4. 直播平台

直播平台以淘宝直播为代表。

5. 语音内容平台

语音内容平台包括得到、喜马拉雅、荔枝等。

6. 媒体平台

媒体平台包括今日头条、新浪、网易等。

二、社群营销的优点和缺点

（一）社群营销的优点

1. 引流成本低

社群营销的核心是社群裂变，用户会自发引流，其引流成本较传统营销的低。

2. 安全性高

无论是法律法规，还是社交平台的规则，对于引流都有一定的限制。社群营销中的用户自发裂变比较安全，不易被封号。

3. 效果显著

一个有号召力的社群，其营销的转化效果是很好的。因为前期的培育使用户与社群的黏性较强，信任度的增加促进了成交。

(二) 社群营销的缺点

1. 长期性

社群的运营是一个长期的过程，需要耗费较多的时间，尤其是在前期核心成员的培育方面。

2. 复杂性

社群的运营是对人的运营，虽然大部分的社群成员有着相同的兴趣爱好，但是人性是复杂的，运营者面对的问题也是复杂多变的。运营者需要学习更多的知识才能运营好社群，社群的营销效果才会显现。

3. 不确定性

因为社群组织具备复杂性，所以每次社群营销都会有不确定因素，不能保证都成功，具有一定的风险。

三、社群营销应从四个方面入手

(一) 社群定位

社群定位是根据商家的目标客户来确定的，比如，金融产品的社群定位就是针对白领及某些行业的高管等群体。社群人数的确定、营销需要的成本、如何引导用户等都是运营者需考虑的问题。

(二) 潜在客户导入

客户导入的方式很重要，要遵守相应的法律法规及平台规则。

1. 准备工作

配备好固定的工作人员，最好是对社群定位感兴趣的员工，这些员工要有一定的知识储备；配备好相应数量的手机，以便于操作；申请好相应的社交平台账号；准备好要发布的营销内容与添加好友的话术。

2. 团队搭建

搭建社群管理团队，做好分工。前期不要着急加人，先把营销内容准备好。发布相关信息，有了一定积累后，再做引流。

3. 吸引流量

社群运营者应以一些吸引力大的活动为契机，吸引用户关注，与用户及时互动并把握好节奏。

4. 社群搭建

引导话题，活跃社群内部氛围。有条件的话，可以组织线下活动，在人员达到一定数量后建立群规，定期组织引流活动。

（三）社群运营

（1）定时发布新闻资讯，比如每天早上9点发布新闻。注意格式统一，由工作人员引导讨论。

（2）每天不定时发布可讨论的话题，不定时发放红包，活跃社群气氛，并注意引导方式。

（3）配合其他宣传渠道，如微信公众号、线下活动，每周策划一个主题课程，邀请有名的讲师、达人授课，分享理念。做好课前、课后宣传，进行社群粉丝引流。

（四）活动转化

活动转化这一步要慎重，一定要在前面三步都准备妥当的基础上进行。活动转化要根据用户的需求进行，营销要击中用户痛点。社群内工作人员应注意引导，分析活动转化效果。

第四章

"互联网+"时代的支付与安全

第一节 电子商务的支付理论

一、电子支付的概念

电子支付是指电子交易各方（包括消费者、企业和金融机构）使用安全的电子支付手段，通过网络进行货币支付或资金流动。电子商务支付系统是电子商务系统的重要组成部分。

随着电子商务的发展，各种法律法规也得到了完善，许多国家都通过了数字签名和身份认证方面的法律。由两个主要的国际信用卡组织（Visa 和 MasterCard）开发的安全电子交易协议定义了电子支付过程的标准，旨在保护互联网上支付卡交易的各个方面。

与传统支付方式相比，电子支付具有以下三个特点。

第一，电子支付是指利用先进的技术，通过数字流程来完成信息的传递。电子支付的支付方式全部通过数字化手段完成；传统的支付方式是通过现金流转、票据转让、银行汇兑等物理实体完成。

第二，电子支付的工作环境是基于一个开放的系统平台（即互联网），而传统支付是在一个更封闭的系统中运行。

第三，电子支付使用最先进的通信手段，而传统支付使用传统的通信媒介。电子支付对软硬件设施的要求较高，一般需要联网的计算机、相关软件和其他一些配套设施，而传统支付则没有这么高的要求。

二、电子商务与网上支付系统

电子商务是一种新的商业模式，对传统的支付结算模式产生了重大影响。传统的支付系统基本上是手工的，以银行专用金融网络为核心，支付凭证通过传统的通信手段（邮件、传真等）传递，从而完成支付结算。网上支付系统的特点是非物质化，无论是将现有的支付方式转换为电子形式，还是在网络环境中创建新的支付工具。面对这样一个新的支付系统，企业需要思考新的支付系统的支付规律，并开发新的管理和操作方法，以适应新的支付系统的特点。

电子商务和支付系统之间有着密不可分的关系。基于网络的电子商务必须为数千万乃至上亿的买家和卖家提供支付服务。企业已经开发了许多网上支付系统，其本质都是现有支付形式的电子化。网络电子支付系统主要包括金融机构、支付者和收款人、非银行第三方金融机构以及各种金融网络等。金融机构通常指为付款人和收款人保留账户的银行。非银行第三方金融机构提供支付服务，但不保存用户的存款，它与金融机构有接口，并根据金融机构保持的账户处理交易。金融网络为第三方银行和非银行金融机构提供内部连接服务。

电子商务支付系统是电子商务系统最核心的组成部分，是指金融机构、商家和消费者之间使用安全的电子手段交易，也就是把电子现金、信用卡或借记卡等支付工具的信息，安全地通过网络银行或电子支付处理机构传送，从而实现电子化支付结算。电子商务支付系统是一个集成了交易流程、支付工具、安全技术、认证系统、信用体系和金融体系于一体的综合系统。

（1）消费者是指在互联网上与企业有交易关系的单位和个人。消费者通过自己拥有的在线支付工具进行支付。消费者是网上支付系统运作的起点。

（2）商家是在商业交易中提供货物以供出售的一方。商户可以根据客户发出的付款指令向中介金融机构申请付款。商家通常设置专用服务器或借用公共交易平台来管理这一过程，包括身份验证和处理网络上的各种支付工具。

（3）客户的开户银行，又称发卡行，是客户拥有资金账户的银行。客户可使用的在线支付工具主要由开户行提供。当网上支付方式可用时，客户的银行提供银行信用，即保证支付方式是真实的、合法的和可兑现的。

（4）商家开户行又被称为收单行，是指商家开设资金账户的银行。商家的银行账户是整个电子支付和结算过程中资金流向的目的地，在商家收到客户的支付指令后，会通过系统将账单传递给客户开户行并得到支付授权，同时进行商家开户行与客户开户行之间的清算工作。

（5）支付网关是指因特网平台和银行金融专用网之间的安全接口。网上支付的电子信息必须在支付网关进行特殊处理后才能进入银行内部的支付结算系统，从而完成支付授权。支付网关的建设关系到整个网上支付结算的安全和银行自身的安全，关系到电子商务支付结算的安全及金融系统的风险。

（6）金融专用网是指银行内部及各个银行之间进行沟通的专用网络，不对外开放，具有很高的安全性。在中国国家金融数据通信网上，运行着中国国家现代化支付系统、全国电子联行系统、中国工商银行电子汇兑系统、银行卡授权系统等。

（7）认证中心，也就是CA，它主要负责为电子商务各参与方提供身份认证、签发证书、发放公钥和数字签名等服务，保证电子商务支付和结算的安全。

三、电子支付的体系构成

（1）消费者。消费者在网上选定商品，确认订单后进入电子支付环节。消费者需要拥有电子支付工具。

（2）网上商城，即电子支付的接受方。网上商城需要有各个银行的账号，可以搭建自己的支付平台，也可租用第三方支付平台。

（3）消费者开户银行。

（4）网上商城收单银行。

（5）银行专用网，即银行之间进行通信和数据处理的专用网络，如中国国家金融数据通信网。

（6）支付网关，即公用互联网平台和银行专用网之间的安全接口。

（7）认证中心，即第三方公证机构，是电子商务市场的准入者和规范者，作用与工商管理部门类似。

四、虚拟货币对现实货币的影响

近年来，虚拟货币对传统货币的冲击、对中国人民银行（以下简称"央行"）核心地位的挑战和对中国金融市场的冲击，已经成为学术界研究的焦点。为维护国家货币的发行权，维护市场交易秩序和金融稳定，央行应针对加密货币领域乱象频发、投机盛行、互联网积分支付手段属性日益显著等实际问题，采取有效措施，切实强化对各类虚拟货币的监管。

（一）虚拟货币的特点

虚拟货币的价值是给用户提供方便、快捷的服务。虚拟货币从非金融机构的网络运营商手中诞生，运营商根据自身的利益确定虚拟货币的发行量，并以电子数据的形式体现。虚拟货币与现实货币的区别很大。虽然虚拟货币的种类比较多，但其特点经归纳后有以下五个。

1. 虚拟化

虚拟货币存在于虚拟的网络空间，是一种数字化的信息，是一种购买虚拟财产和服务的网络储蓄手段。

2. 独立性

虚拟货币作为网络中的货币，只能购买自己公司提供的虚拟产品和服务。公司也可以与其他的网络运营商合作，用虚拟货币购买其公司的产品和服务。

3. 单向性

虚拟货币与现实货币只能进行单向兑换。也就是说，只能用人民币兑换虚拟货币，而不能用虚拟货币兑换人民币。而且，在任何非金融机构的网络运营商之间，虚拟货币也不可以兑换流通。因此，虚拟货币是单向不可逆的。但正是由于虚拟货币的这种特征，许多涉及虚拟货币的交易网站才应运而生，并给电子商务注入了新的活力。

4. 可分性

虚拟货币只是数字化的信息，不同于现实货币主币和辅币分开发行的特征，虚拟货币可以划分为许多较小的单位。

5. 流通速度快

互联网使得虚拟货币的流通速度加快，使得虚拟货币具有无限扩张的能力。

（二）虚拟货币对现实货币的影响

1. 虚拟货币对现实货币的直接影响

（1）虚拟货币对现实货币政策造成的冲击

如今，虚拟货币越来越多，出现在生活中的各方面。但是，由于虚拟货币才刚刚发展起来，没有形成固定的发展模式，并且各个国家的金融体系不同，人们不可能要求所有国家制定统一的货币政策。现以中国为例，分析虚拟货币对现实货币的冲击。

虚拟货币的发行主体是分散的，它存在的金融风险是不能被预测的。而且，虚拟货币的发行量增大，就会导致货币的供给量相应减少，则央行的统计范围也相应发生变化。当央行的垄断地位逐渐丧失时，人们会相应减少现实货币的持有量，必然导致央行无法在短期内控制利率。因此，现实货币逐渐会被虚拟货币所取代。

虚拟货币对央行的冲击具体有以下两点。

①对央行的独立性形成冲击。虽然央行在决策和运作上比较独立，但是这种独立很大程度上依赖于资金的独立性，因为央行的资金大部分来自铸币税。但是，虚拟货币的发行量越来越多，会极大地影响央行的利益，使得央行不得不依赖于其他的资金来源，使得央行的独立性受到冲击。

②加大了央行反洗钱的难度。虚拟货币势头正盛，也让不法分子瞄准时机，看上了虚拟货币快速、隐蔽的特点。一方面是虚拟货币的交易隐蔽，不需要实名认证，第三方也无法查到个人信息；另一方面是不法分子通过游戏虚拟货币的交易，掩盖各种违法犯罪活动，如网络洗钱等行为。相对于现实犯罪，网络犯罪追查起来更难，成功率更高。如果有人利用虚拟货币的渠道进行违法犯罪，央行将坚决予以打击。因此，央行必须出台相应的机制监管网络犯罪，这已经到了刻不容缓的地步。未来，虚拟货

币的发展会对央行的核心地位形成更大的挑战。

（2）虚拟货币对货币供给层次的影响

货币供给是货币政策赖以存在的根本，也是中央银行控制货币供给总量的基础。但是，网络银行和虚拟货币的出现，分散了中央银行对货币的供给层次，这种情况随着虚拟货币的快速发展而越来越严重。

在大多数国家，现实货币间接代表着中央银行的负债。所以，虚拟货币对货币供给层次的影响会间接地反映在中央银行的资产负债表上。对中央银行的核心地位影响越大，说明虚拟货币所占的比重也就越大。然而，在某些特殊情况下，如当外汇市场不稳定时，资产负债表应该相应增长，确保中央银行具有足够的资产。

因此，虚拟货币所占的比重越大，对货币供给层次的影响也就越深远。

（3）虚拟货币对现实货币流通的影响

网络虚拟货币虽然与现实货币有许多不同之处，但和邮票、各种充值卡等载体具有一些相似特征。由于学者尚未找出虚拟货币对现实货币流通影响的统计数据，我们可以通过观察邮票和各种充值卡等载体长久以来对货币流通的影响，进一步推断虚拟货币对现实货币流通的影响。因为邮票和各种充值卡没有增值的价值，所以长期以来并没有出现冲击现实货币流通，甚至替代现实货币流通的现象。因为虚拟货币与邮票、各种充值卡具有相似特征，所以可以进一步推断虚拟货币不会对现实货币流通造成影响。

2. 虚拟货币对现实货币的间接影响

（1）虚拟货币对现实经济体系的影响

随着互联网的快速发展，虚拟货币带来的快捷、便利受到人民群众的广泛认可。中国网络经济的快速发展，也预示着虚拟货币发展前景广阔。

①促进电子商务快速发展。在电子商务的影响下，企业可以自主开发虚拟货币，使用虚拟货币购买其他企业的产品和服务，为自己谋利，并间接刺激现实经济体系，从而促进电子商务发展。

②促进现代经济的发展。以前用现实货币购买的部分商品和服务，现在也可以用虚拟货币进行购买。从某种程度上来说，网络虚拟货币与现实货币具有相同的购买能力。但是，这就使网络虚拟货币与现实货币之间的界线越来越模糊。随着虚拟货币的进一步发展，虚拟货币与传统商业进行了深度融合，加强了二者之间的联系，进一步促进了现代经济的发展。

③虚拟货币是虚拟经济的基础。虚拟货币是虚拟经济的具体表现形式。在现实世界中，每天都会有数亿次的网络交易，让商家们感受到虚拟货币巨大的影响力，进而使其投身于网络运营中，给虚拟经济带来了巨大的活力。

④虚拟货币能促进更加统一的网络市场经济。虚拟货币的交易建立在个人和企业

之间的网络经济的基础上。虚拟货币通过自己独有的网络机制，为企业带来可观的利润，并吸引更多用户参与。虚拟货币带动网络市场经济，推动以大众化为特征的分享经济大繁荣，促进更加统一的网络市场经济。

（2）虚拟货币与人民币互兑的风险

目前，国家暂时没有明确的监管政策。但是，有关法律曾规定代金券等产品不能与人民币进行反向兑换，这就等于明确了虚拟货币与现实货币只能进行单向兑换。但是，在发行商资金短缺的情况下，很有可能出现恶意兑换的情况。这种恶意兑换一旦出现，将会造成不可估量的破坏，从而冲击到社会的金融秩序。

虚拟货币与人民币互兑还会造成通货膨胀。当前，最大的难题就是虚拟货币导致的通货膨胀。由于没有统一的网络监管制度，所以每个发行商都可以发行虚拟货币。只要过量发行虚拟货币，就有可能造成通货膨胀。另外，现在的安全体系也不完善，许多黑客对虚拟货币进行大量复制，造成了急速的通货膨胀。而且，相关信息传达的滞后性也会给现实世界带来通货膨胀的困扰。

（3）虚拟货币对金融的影响

目前，国内大部分学者对虚拟货币是否会对金融产生影响还没有得出明确的结论。更多的学者认为，虚拟货币虽然不会对金融产生直接影响，但会间接地影响金融秩序。虚拟货币虽然能够给世界经济注入新的活力，但也会影响金融安全，极易导致泡沫经济。

虚拟货币相当于金融交易媒介，可以迅速地在全世界流通。但是，虚拟货币的运行还不成熟，这就给网络监管造成了一定的问题。由于虚拟货币与现实货币互兑的出现，大量资金的突发性互相转移极易造成金融市场的波动。由于汇率传导机制的出现，虚拟货币中涉及的经济问题会对现实金融秩序产生影响，这种影响会随着虚拟货币的发展而逐渐扩大。

第二节　网上支付方式

（一）信用卡

1. 信用卡的定义

信用卡是持有者的一种信用凭证，是由银行或其他金融机构签发给资信良好的客户的一种特殊的信用凭证，当前常见形式是磁卡或者IC卡等各种特制卡片，持卡人可凭信用卡在发卡机构指定的商户购物和消费，也可在指定的银行机构存取现金。随着信用卡业务的发展，信用卡的种类不断增多。概括起来，一般有广义信用卡和狭义信用卡之分。

从广义上说，凡是能够为持卡人提供信用证明，以及购物、消费或享受特定服务的特制卡片，均可称为信用卡，包括贷记卡、准贷记卡、借记卡、储蓄卡、提款卡、支票卡和赊账卡等。

从狭义上说，信用卡是无须支付现金就可以贷款消费的信用卡，是先透支消费然后还款的信用卡。国外的信用卡主要是指由银行或其他财务机构发行的贷记卡，我国的信用卡主要是指贷记卡或准贷记卡（可先存款后消费，允许小额透支的信用卡）。

2. 信用卡的特点与作用

（1）信用卡是当今发展较快的金融业务之一，是一种可在一定范围内替代传统现金流通的电子货币。

（2）信用卡同时具有支付和信贷两种功能。持卡人可用信用卡购买商品或享受服务，还可使用信用卡从发卡机构获得一定的贷款。

（3）信用卡是集金融业务与电脑技术于一体的高科技产物。

（4）信用卡能减少现金货币的使用。

（5）信用卡能提供结算服务，方便用户购物消费。

（6）信用卡能简化收款手续，节约社会劳动力。

（7）信用卡能促进商品销售，刺激社会需求。

3. 信用卡网上支付系统模型

目前的信用卡支付系统都是建立在金融专用网基础之上的。通过金融专用网的终端，持卡人可以享受身份验证、消费结算、消费信贷、转账结算、通存通兑、自动取款、代发工资、代理收费等服务。因此，信用卡支付系统的一大特点就是需要在线实时操作，并进行对持卡人身份的真实性和信用额度的验证和处理。目前，在金融专用网上开展此类业务会受到银行营业时间的限制。随着电子商务的发展，网上信用卡支付系统不仅在范围上扩展到所有的公共网络，还在时间上扩展到24小时，这就需要增加相应的机构和技术来支持这种扩展。

4. 信用卡的支付模式

（1）无安全措施的信用卡支付

买方通过网络向卖方订货，信用卡信息则通过电话、传真或互联网传送。这种支付具有以下两个特点。

①由于卖方未得到买方的签字，如果买方拒付或否认购买行为，则卖方将承担一定的风险。

②由于没有安全措施，买方将承担信用卡信息在传输过程中被盗取及被卖方获得等风险。

（2）通过第三方代理人支付

买方在线或离线于第三方代理人处开账号（简称"代理账号"），第三方代理人持有买方信用卡和账号。

买方在卖方处在线订货，并将代理账号传送给卖方。

卖方将买方的代理账号提供给第三方代理人。第三方代理人验证代理账号信息，将验证信息返给卖方。卖方确定接受订货。

第三方代理人需要用一些专门的服务软件系统来实现支付。

（3）简单加密的信用卡支付

这种支付的使用步骤有以下四个。

①买方从卖方订货后，通过电子钱包将信用卡信息加密后传给卖方服务器。

②卖方服务器在验证接收到的信息的有效性和完整性后，将买方加密的信用卡信息传给业务服务器。

③业务服务器在验证卖方身份后，将买方加密的信用卡信息转移到非互联网的安全地方解密，然后将买方信用卡信息通过安全专网传送到卖方银行。

④卖方银行通过与一般银行之间的电子通道，从买方信用卡发卡行证实加密的信用卡信息后，将结果传送给第三方服务器。服务器通知卖方服务器交易完成或拒绝交易，卖方再通知买方。

（4）基于安全电子交易协议的信用卡支付

①安全电子交易协议的基本目标有以下三点。

A.信息在互联网上安全传输，不能被窃听或篡改。

B.要妥善保护买方资料，卖方只能看到订货信息，看不到买方的账户信息。

C.买方和卖方相互认证，来确定对方身份。一般由第三方机构负责为在线通信的双方提供信用担保。

②基于安全电子交易协议的信用卡支付步骤有以下四个。

A.买方发送给卖方一个完整的订单及要求发卡行付款的指令。

B.卖方接受订单后，向买方的金融机构请求支付认可，通过支付网关连接到发卡行。发卡行确认后，批准交易，然后返回确认信息给卖方。

C.卖方发送订单确认信息给买方，买方的客户端软件可记录交易日志，以备将来查询。

D.卖方向买方的金融机构请求支付。

（二）借记卡

银行卡是指由商业银行等金融机构及邮政储蓄机构向社会发行的具有消费信用、转账结算、存取现金等全部或部分功能的信用支付工具。因为各种银行卡都是塑料制成的，又用于存取款和转账支付，所以银行卡又被称为塑料货币。银行卡包括借记卡和信用卡两种。

借记卡是指先存款后消费（或取现），没有透支功能的银行卡。借记卡具有转账结算、存取现金、购物消费等功能。按照功能的不同，借记卡可分为转账卡（含储蓄卡）、专用卡及储值卡。

（1）转账卡（含储蓄卡）具有转账、存取现金和消费的功能。

（2）专用卡是在特定区域，具有专用用途的借记卡，具有转账、存取现金的功能。

（3）储值卡是银行根据持卡人要求，将资金转至卡内储存，交易时直接从卡内扣款的预付钱包式借记卡。

（三）智能卡

1. 智能卡的内涵

智能卡是指在塑料卡上安装嵌入式微型控制器芯片的集成电路卡。电话卡是典型的智能卡。

2. 智能卡在推广应用中的障碍

（1）智能卡制作成本高。由于智能卡的芯片具有存储、加密及数据处理的能力，所以制卡成本较高。

（2）不能实现一卡多能、一卡多用。由于不同种类的智能卡和读写器之间不能跨系统操作，智能卡须与特定读写器匹配后才能使用，因此智能卡的用途较为单一，不能实现多功能、多用途合一。

（四）电子钱包

1. 电子钱包的定义

电子钱包作为一直电子化支付工具，在电子商务交易中常用于小额购物或购买小商品时使用。电子钱包的功能和实际钱包一样，可存放信用卡、电子现金、电子身份证、地址等信息，还可以存放电子商务收款台所需的其他信息。

2. 电子钱包的工作原理

使用电子钱包的用户通常要在有关银行设立账户。在使用电子钱包时，用户要先安装相应的应用软件，然后利用电子钱包服务系统把电子货币输入电子钱包。在收付款时，用户只需在手机或计算机上单击相应项目或图标。因此，采用电子钱包支付的方式也被称为单击式支付或点击式支付。

3. 常用的电子钱包

（1）微信钱包

微信钱包嵌在微信软件中，以绑定银行卡的快捷支付为基础，向用户提供安全、快捷、高效的支付服务。

微信钱包可支持的功能包括腾讯服务和第三方服务。其中，腾讯服务包括信用卡还款、手机充值、理财通、生活缴费、城市服务、腾讯公益、保险服务等，第三方服务包括火车票和机票购买、滴滴出行、京东优选、美团外卖、预订酒店、共享单车、唯品会特卖、转转二手交易等。

（2）支付宝钱包

支付宝钱包是中国领先的移动支付平台，内置余额宝、海淘、阿里旅行、天猫超市等链接，还支持发红包、转账、购买机票和火车票、生活缴费、滴滴出行、购买电影票、收款、手机充值、预约寄快递、信用卡还款、购买彩票、爱心捐赠、点外卖、加油卡充值、话费卡转让、校园一卡通充值、城市服务、股票查询、汇率换算等功能。用户还可以使用支付宝钱包去便利店及超市购物、去自动售货机购买饮料。

（3）QQ钱包

QQ钱包使用卡包的形式，方便用户管理自己的Q币、财付通账号、银行卡。同时，QQ钱包沿用财付通体系的支付密码，可以用于财付通支付和银行卡支付，让用户可以选择最便捷的方式进行移动支付。用户可以通过QQ钱包为手机充值，购买电影票等。

（4）度小满钱包

度小满钱包是继支付宝和微信支付之后的又一款移动支付工具。度小满钱包打造了一款现收现付的专用钱包，将百度产品和大量商家直接与用户连接起来，提供转账、支付、充值等支付服务，全面打通线上线下生活消费领域。同时，它提供资产增值功能，如度小满理财，让用户在移动互联网时代享受一站式支付生活。

（五）代币

代币是由公司而不是由政府发行的数字现金。代币不同于电子货币。许多代币不能兑换成现金，只能用于交换代币发行公司所提供的商品或服务。

（六）移动支付

1. 移动支付的定义

移动支付也被称为手机支付，是指交易双方以移动终端设备为载体，通过移动通信网络进行的商品或服务的交易。用于移动支付的移动终端可以是智能手机、掌上电脑等。一个单位或个人利用互联网、移动终端或传感技术，直接或间接地把支付指令发送给银行等金融机构，并产生和支付和汇款行为，从而实现移动支付功能。移动支付结合了移动终端、互联网、应用程序提供商和金融机构，为用户提供支付和缴费等服务。

2. 移动支付的分类

移动支付常见分类包括近场支付和远程支付两类。

（1）近场支付

近场支付是指消费者在购买商品或服务时，即时通过手机向商家进行支付。支付在现场进行，用户使用手机射频、红外线、蓝牙等通道，实现与自动售货机、POS机的本地通信。

（2）远程支付

远程支付是指通过发送支付指令或借助支付工具进行支付的方式。

（七）通信运营商的移动支付

沃支付是联通支付有限公司的支付品牌，致力于为用户提供安全、快速的网上支付、手机支付服务，以及手机费缴费、水电煤气缴费、彩票购买、转账等生活服务应用。

手机钱包业务是中国移动联合多家银行、公交一卡通公司等合作伙伴，推出的一项综合性支付业务。手机钱包利用移动卡的安全控件，通过客户端下载、预置等多种方式，将合作伙伴的多种应用加载到移动卡中，使移动手机既支持通信功能又支持刷手机消费、乘车。

（八）银联云闪付

中国银联携手商业银行、支付机构等产业各方共同发布云闪付。云闪付是银联移动支付的新品牌，可实现手机等移动设备在具有银联标识的场景中进行线上、线下支付，同时也支持远程在线支付。

云闪付系列产品采用了云计算技术，银行卡关键信息的生成、验证、交易、监控都在云端完成。云闪付包括与银行、国内外手机厂商、通信运营商等合作方联合开发的各类移动支付产品。

（九）电话银行

1. 电话银行

电话银行通过电话把用户与银行紧密相连，使用户不必去银行。无论何时何地，用户只要拨通电话银行的号码，就能够得到电话银行提供的服务（往来交易查询、利率查询等）。电话银行可使银行提高服务质量，优化客户体验，为银行带来更好的经济效益。电话银行是基于语音的银行服务。

2. 电话银行提供的服务

（1）查询客户账户余额。

（2）查询账户往来明细及历史账目档案。

（3）预约大额现金提现。

（4）查询银行存贷款利率。

（5）银行留言。

（6）银行通知。

（7）其他各类指定的查询服务。

（十）移动银行

1. 移动银行的定义

移动银行也被称为手机银行，指的是使用移动通信网络和移动终端进行相关的银行业务。移动银行不仅使人们能够随时随地处理多种金融交易，而且极大地丰富了银行服务的内容，使银行能够以方便、高效和安全的方式为客户提供服务。移动银行由移动电话、信息中心和银行系统组成。

2. 移动银行的原理

移动银行是一种基于短信的银行服务。在移动银行操作过程中，用户通过SIM卡上的菜单向银行发出指示。然后，SIM卡以规定的格式生成短信，并根据用户的指示对其进行加密。然后，它要求手机向全球移动通信系统发送一条短信。短信中心收到短信后，根据相应的应用程序或地址将其转发到相应的银行系统。银行预处理短信，然后将指令转换到银行主机的系统网络中。银行服务器处理用户请求，并将结果返回到银行接口系统。银行界面系统将交易结果转换为短信。然后短信中心将短信发送给用户。

3. 移动银行的优势

所有通过电话银行进行的交易都可以通过移动银行进行。移动银行还可以进行电话银行无法进行的二次交易。例如，银行可以代表用户支付电话费、水费和电费，但通常在转账前必须得到用户的确认。通过短信提醒，移动银行可以随时通过手机接收银行信息。因此，用户可以在任何时间和任何地点确认传输。

第三节　电子支付安全

一、电子支付产业安全分析

电子支付发展所要求的是开放的支付环境，需要金融、通信、互联网等产业进行融合。当前，众多的市场参与者包括银行、非银行支付中介、电子商务企业等。

电子支付直接与金钱挂钩，一旦出现问题会造成较大的经济损失，并会在电子支付产业链中传递风险。必须搜集、分析、鉴别电子支付产业链中的各种交易信息，并进行安全性分析。电子支付的安全性主要有三层含义。

第一，完整性。完整性是指信息在存储或传输时不被修改、不被破坏和不丢失，保证合法用户能接收和使用真实信息。

第二，身份真实性。在交易信息的传输过程中，要为参与交易的各方提供可靠标识，使他们能正确识别对方并能互相证明身份，这可以有效防止网上交易的欺诈行为。

第三，不可抵赖性。必须防止交易各方日后否认发出过或接收过信息。由此可见，电子支付的安全性对支付模式的管理水平、信息传递技术提出了很高的要求。

从电子支付产业链的角度来看，电子支付的安全问题可以分为管理层面和技术层面两个方面的安全，也对应着交易安全和信息网络安全。

（一）交易过程存在的安全问题

由于消费者和商家不知道对方的身份，当双方进行交易时，可能会产生信用怀疑。这类问题的解决方法是使用第三方担保，即通过第三方支付平台连接商家和银行，实现从消费者到金融机构、商家的货币支付、现金流转、资金清算、查询统计等。当前常见的第三方支付主要有网络支付、移动支付、电话支付三类。在一个交易事务中，对于每个交易主体都会存在一些安全问题。

1. 消费者

首先，他人冒充或挪用资金造成的损失。电子支付相关的立法工作相对滞后，难以有效保护消费者的损失。当电子支付系统出现故障或操作错误时，可能会给消费者造成经济损失。其次，交易受阻。当用户使用电子支付方式时，由于断开连接、制造商拒绝或其他情况，他们可能会在完成特定金额的交易时遇到困难。

2. 银行

银行无法预测客户的在线支付指令，如随机支付、外部转账和汇款，因此难以掌握支付频率、支付金额等。此外，电子支付服务核心技术的技术参数也没有相应的国家标准，如身份认证权限、数据加密强度、商用密码产品、通信安全控制措施等。每家银行都有自己的方式，彼此不兼容。当法律纠纷发生时，商业银行将处于被动地位。

3. 第三方支付平台

与专业金融机构相比，第三方支付平台在吸收和管理用户资金方面面临着重大的法律风险。作为非金融实体，第三方支付平台的主要功能是提供支付服务。通过提供支付服务，他们积累了大量的中介资金。一旦发生盗用，将在整个电子支付产业链中引发恐慌。

4. 商家

作为交易主体，商家比消费者具有更强的风险承受能力和安全技术水平。绝大多数商家选择使用市场上成熟的支付平台进行电子商务交易。对于商家来说，交易中最重要的安全问题是有效识别买家身份和支付方式的合法性，同时避免信用卡欺诈等非法活动造成的风险。

（二）信息及网络存在的安全问题

信息和网络安全问题主要有两个方面。

1. 信息泄露

消费者在电子交易过程中是弱势的一方。商家可以选择交易支付方式，而消费者在填写了大量资料后，不知道信息传递去了哪里，商家无法杜绝个人信息的泄露。

2. 潜在的安全风险

大多数电子支付交易都是在网上进行的，没有签名、盖章或纸质优惠券。对于不同的银行账户，可以在不留下任何痕迹的情况下更改。监管机构看到的数据不能准确反映支付，这给电子支付带来了潜在的安全风险。

二、加强电子支付安全的建议

电子支付安全是一项社会系统工程，需要从上到下构建一个完整的系统。这一体系的具体要素包括健全的法律和制度、有效的管理和组织流程，以及合理的风险和责任分配，以增强消费者对电子支付系统的信心。

（一）构建安全的电子支付产业链

首先，消费者越来越意识到个人信息的安全性和预防。在安全方面，加强支付人对身份验证或密钥使用的了解，通过实施防火墙、加密、身份验证和防病毒软件的即时升级技术来确保交易的安全性。与此同时，必须充分认识到提供在线支付服务的企业和第三方平台的作用。在产品问题上，当权益受到侵犯时，消费者必须立即通知造假者，警方、咨询法律专家，也可以及时向主管部门投诉。如果您怀疑有欺诈行为，请及时报告，以保护您和其他消费者的合法权利。

其次，加快各类银行卡的发行和功能扩展，更新和完善电子网络系统，增加金融配套设施。在设备方面，通过购买、租赁等方式选择和升级硬件设备、系统软件和网络通信等基础设施。建立有效的管理制度，包括向有关人员下放业务权力的制度、权力分离的制度、外部化机构的管理制度、应急制度和交易数据保留制度。此外，在电子支付业务中，银行应努力保存相关的证据数据，并实施先进的证据保存系统，以同步保存互联网上的交易。除了对商业信息的计算机保护外，每日的计算机打印报表和发给客户的书面文件，如信件和传真，也应保留。

再次，电子商务公司应该建立高度安全的可操作的支付系统。由于涉及的级别非常广泛，电子商务公司必须考虑架构设计、系统稳定性设计、信息存储、隐私定义等方面。完善的技术措施可以避免网络风险：在应用层面，电子商务企业应采取措施，确保没有单一的故障点，以提高系统的稳定性；在设计架构时，电子商务公司必须确保水平扩展能力，以应对未来的高流量，并相应地扩展系统；电子商务公司需要建立一些物理上孤立的功能区域，以防止黑客长期攻击；电子商务企业应使用高端防火墙，保护基本数据区的重要数据库，提高数据安全性；在信息存储方面，电子商务企业必须使用公共加密算法对数据通信和数据存储进行加密，以确保数据的完整性和安全性。

最后，金融监管机构必须加强对电子支付平台的监督和检查，及时发布预警或风险处理。此外，金融监管机构必须监管第三方支付平台的账户；金融监管部应要求第三方支付平台严格区分股权和中转资金，不得随意挪用，不得进行高风险甚至投机性的有利可图的投资；金融监管机构要求第三方支付平台将存款存入开放银行，以便银行在出现问题时能够对冲风险。

（二）强化电子支付监管机制

加强业务监管，加强内部控制，防范计算机犯罪。建立健全法律监管体系，实行实时、定期监管，将传统的现场监管与非现场监管相结合，将行业自律与金融监管相结合，将合规监管与风险监管相结合，创新监管手段和内容，强化电子支付监管机制。

1.强化监管机制

一是建立市场准入制度。设置最低资金限额，加强内控机制和风险管理，对于第三方支付平台，金融机构可以利用设立保证金机制，积极研究电子支付的保险问题。对于企业之间的恶性竞争，可以出台政策引导并购，减少重复建设，扩大规模，增强实力。

二是加强对业务内容的监管，包括加强安全技术、明确业务范围和从业人员资格等。经营管理、日常检查和信息公开应当遵循公开、公平、公正的原则，并定期向社会公布。

第三，建立相关制度。从制度层面，进一步明确电子支付业务的准入程序和形式、电子支付业务审查的重点、对电子支付业务的监管。

2.建立协同监管机制

要建立央行、中国银行保险监督管理委员会①（简称"银保监会"）、工业和信息化部等有关部门协同监管机制。建立信息资源共享联席会议制度，防范金融风险和网络金融犯罪。电子支付和市场的主要监管机构是央行和银保监会，央行从反洗钱、反非法集资等角度实施监管，维护金融市场稳定。央行和工信部对第三方支付平台实行双重监管，前者维护支付清算体系的稳定，后者从信息服务市场许可制度实施监管。

---

① 2023年3月，中共中央、国务院印发《党和国家机构改革方案》，要求在中国银行保险监督管理委员会基础上组建国家金融监督管理总局，不再保留中国银行保险监督管理委员会。作者写作本书的时间在2023年3月前，故保留中国银行保险监督管理委员会的说法。

此外，由于电子支付方式的无国界性，在金融监管方面也需要建立国际统一机制，加强国际合作。

3. 创新监管手段

监管部门除了要制定有针对性的管理办法外，还要加快自身的电子化建设，依靠先进的科技手段，实行异地监控，不断适应金融监管中的新问题、新情况。同时，监管部门要学习国外先进的管理方法和监管手段，建立风险预警机制，及早发现并解决问题。

（三）营造良好的社会信用环境

电子支付的多方参与者，包括交易双方、第三方支付平台、银行、业务管理部门、工商管理部门等机构，必须承担一定的信用责任，需要在良好的社会信用环境中进行交易。中央银行建立了个人信用信息系统、反洗钱监控系统、账户管理信息系统等。这些系统的建立有利于电子支付活动参与者的身份识别和交易选择，在一定程度上保证了电子支付的安全性。同时，也应该看到，现有的信用体系并不能完全提供电子支付所需的信用服务，还需要建立一套完整有效的适用于电子支付的信用体系，完善与诚信相适应的监管体系，才能对信用机构及其活动进行有效管理。这种良好的社会信用环境和监督机制需要社会各方的长期努力来创造。要综合运用法律、经济、道德等手段，提高全社会的信用水平，营造完善的信用环境。可以采取的措施有：加大建立社会信用管理体系的宣传力度，设立企业和个人信用评价监督机构，在电子商务活动过程中设立第三方信用服务和认证机构，建立完善的法律法规和信用奖惩机制。

三、第三方支付平台存在的问题及对策

第三方支付只是信用卡支付的外延，而不是一种革命性的支付方式。从背后的授信模式来看，第三方支付（担保支付）远比信用卡支付（直接授信支付）成本高，更不划算。

（一）第三方支付平台存在的问题

第三方支付平台的快速发展，对网上交易起到了很大的推动作用，但其快速发展所带来的问题也不容忽视。

1. 交易安全问题

首先，第三方支付平台作为中介，必然存在用户的信任问题。由于人们长期以来对金融服务存在偏见，用户在选择支付模式时，更倾向于与安全系数更高的银行合作。由此，第三方支付平台难以在与银行的竞争中获得优势，也影响了第三方支付平台的发展。另外，为了增加客户，第三方支付平台会牺牲自己的利益来维持在竞争中的主动地位，这同样使其难以发展。

2. 资金安全问题

第三方支付平台相对于银行来讲，缺乏认证系统。对支付最终的把关还是由银行负责。对支付信息安全的保护，第三方支付平台还是依赖银行系统。这也导致了资金流通不及时、结算周期长等问题，引起了用户的不满。此外，不同银行不断致力于网络支付业务的发展。相对于第三方支付平台，银行的网上支付信誉更高，用户更加认可。如果银行的支付方式可以更加便捷、便宜，将会对第三方支付平台造成巨大的冲击。如果第三方支付平台仅仅从技术层面提供服务，为企业和个人搭建支付通道，那么，这种盈利模式将很难持久。

3. 信息安全问题

网上支付是在一个虚拟环境中完成的，这也意味着买卖双方受到的约束小于现实生活。因此，信息安全问题一直阻碍着在网络空间中完成资金交易和物权转移的发展。

（二）第三方支付平台应采取的对策

通过对第三方支付平台的调查分析，笔者可以清楚地知道它的优势和不足。为了更好地发展第三方支付平台，应采用各种手段树立其品牌形象。笔者提出下列七项第三方支付平台应采取的对策。

1. 对第三方支付进行行业内部整合

第三方支付发展到现在也有多年了，整个行业逐渐规范，整个市场趋向成熟。经过不断的竞争和行业的整合，第三方支付平台的数量逐渐减少，逐步形成有实力并能够树立自己品牌的公司。第三方支付平台的发展从原来的创新探索阶段走向品牌实力竞争阶段，从而产生了如微信支付和支付宝般拥有良好品牌形象的第三方支付平台。

2. 延伸支付对象，拓展支付渠道

据2022年的统计，中国的网民规模约为10.5亿，网民占总人口的比例约74.5%。如果这一比例进一步提高，那么互联网经济会持续繁荣，第三方支付平台也会随之蓬勃发展。同时，网络支付也要加快移动支付的进程。

3. 加快创新，实现盈利渠道多元化

支付手段或支付模式一直停滞不前，也会影响第三方支付平台的发展。加快创新的步伐十分重要。对于一个企业而言，是否盈利以及盈利多少都是判断支付途径能否商业化的标准。作为服务性质的第三方支付平台，产品和服务的质量是取得竞争优势的关键。

为了提高产品和服务的质量，第三方支付平台企业可以开展多种业务和多种渠道的创新，加强与不同银行的合作和联系，拓宽网络支付的途径。只有通过不断的创新来更新自己的产品，提升自己的服务，才能更好地推动第三方支付平台的发展。

4. 加大研发投入，促使技术进步，提高系统安全保障

对于线上的资金交易，用户最担心的无非是支付的安全性和可靠性。随着网络的发展，消费者对于互联网的安全越来越关注，特别是对于资金的线上交易，提高系统的安全性成为当务之急。有关企业可以加大研发投入，提高技术支持，以此来减少用户信息被窃取的可能，降低交易风险，保证网络支付的安全进行。

5. 加强与银行合作，争取多方共赢

第三方支付平台是银行和消费者之间的桥梁，具有第三方性。一方面，第三方支付平台与银行对接，完成资金的结转、客户服务等一系列工作；另一方面，第三方支付平台与客户联系，使客户能够安全方便地进行交易。第三方服务平台一定要减少银行和用户之间对接的成本，处理好与两者的关系，做好连接的作用。

6. 努力改善服务，树立良好形象

对服务行业质量评判的标准就是服务质量的高低，良好的用户体验才是建立品牌的关键。用户体验的提升在于推出用户友好型的产品。在操作上，产品要具有足够的便捷性，要打造用户乐意接受的支付形式。另外，要以用户需求为核心，从用户的角度出发，做到"急人之所急"，与用户保持密切的关系。只有真正把产品做到可以在用户中口口相传，才能更好地发展潜在客户。作为回报，企业才能更多获益。

7. 拓展服务，寻找新的业务增长点

第三方支付平台应不仅局限于第三方服务营利，拓展增值业务也是提升盈利能力的关键。第三方支付平台可以利用大数据，依托专业人士，提供物流选择、诚信认证、信用担保等服务，扩展自己的盈利渠道。

第五章

"互联网+"时代的物流与供应链

第一节　电子商务物流基础

一、物流的概念

(一) 物流的定义

物流是物品从供应地向接收地的实体流动过程,是供应链的一部分。物流会根据实际需要将运输、储存、装卸、搬运、包装、流通加工、配送、信息处理等基本功能有机结合。

新时代物流的定义应包含以下三个方面。

(1) 物流是在供应链中对主要运作功能的全面管理。该供应链是指采购、生产和配送。采购包括购买和产品开发,生产包括制造和组装,配送包括备货、储存、分拣、配货、运输、送达服务等。

(2) 物流是货物和物资从始发点到最终消费点的流通和存储,以及对相关信息流的管理过程。

(3) 物流是供应链过程的一部分。物流规划、实施和控制货物、服务及相关信息从始发点到消费点的高效率、低成本的流转和存储,以满足客户的需要。

(二) 物流的功能

1. 传统功能

(1) 运输

运输的任务是将空间中的物体远距离移动。主要的运输方式有铁路、公路、海运、航空和管道。企业应选择经济、便捷的方式和路线，以满足安全、及时、经济的管理要求。

（2）存储

存储包括储存、保护、保养和维护等活动。物流系统需要存储设备来保证市场上的分销活动，同时确保以最低的库存率始终与最低的总成本保持一致的所需客户服务。

（3）包装

包装是指在货物运输和保管过程中，为保证货物的价值和形状而进行的运输活动。它包括产品的外包装、生产过程和变更中产品和半成品的包装、物流过程中的分包装和再包装等活动。从功能上讲，包装可分为工业包装和商业包装两大类，前者是为了保持商品质量而进行的；后者是为了顺利地将商品送到消费者手中、对商品进行估价、传递信息等来促进销售。

（4）装卸搬运

装卸是将运输、储存、包装、配送、加工等物流活动与运输、储存中的检验、维修、保养等装卸活动联系起来的活动。安全便捷的装卸活动可以加快物流过程中货物的移动速度。

（5）流通加工

流通加工是指作为物流的一部分而进行的辅助加工活动。它既存在于社会流通过程中，又存在于企业内部流通过程中，弥补了生产过程中转型的不足。流通加工是当今社会增加商品附加值、促进商品差异化的重要手段，其重要性日益凸显。

（6）配送

配送是指物流进入最后阶段，以配送和交付的形式完成的物流活动。配送是小批量、短距离送货。电子商务的物流作用非常重要，配送不再是简单的配送，而是集作业、服务、库存、分拣、装卸、搬运于一体的重要物流环节。

（7）信息处理

信息处理是指收集、加工、整理和提炼信息的活动。不准确的信息会降低工作流的效率。信息处理的质量和速度是物流工作的关键因素。

2.增值性的服务功能

现代物流除了具有传统功能外，还具有增值服务功能。增值业务功能包括增加便利性的业务、加快响应速度的业务、降低成本的业务和扩展业务。

二、物流的分类

根据不同的标准，物流一般可以从以下五个方面进行分类。

（一）按照作用分类

1.供应物流

制造商、分销商或消费者购买原材料、零件或商品的物流过程称为供应流。供应物流是物资生产者、持有者和使用者之间的物流。

2. 销售物流

生产企业和流通企业销售产品或商品的物流过程称为销售物流。销售物流是指物料的生产者或持有人与使用者或消费者之间的物流。

3. 生产物流

从原材料在工厂的购买和储存到成品在工厂仓库的交付，这种物质流活动的过程称为生产物流。

4. 回收物流

在生产流通活动中，有些材料可以回收利用，如旧报纸、旧书籍等。这种回收过程的物流活动称为回收物流。

5. 废弃物物流

在生产和分配系统中产生的废物的循环过程称为废物物流。例如，采矿过程中产生的土石、钢渣、工业废水等一些废物的循环就属于废物物流。

（二）按照物流活动的空间范围分类

1. 区域物流

区域物流有不同的划分原则。首先按行政区域划分，如四川地区、河北地区等；二是按经济圈划分。区域物流也可以指特定城市内的物流配送方式，如城市配送或落地配送服务。

2. 国内物流

物流作为国民经济的一个重要方面，应纳入国家的总体规划。物流事业是社会主义现代化事业的重要组成部分。

3. 国际物流

中国的工业生产逐渐走向国际化，出现了许多跨国公司。企业的经济活动可以遍及世界各地。国际贸易的形式使得货物必须通过国际物流进行运输。国际物流的研究已经成为物流研究的一个重要分支，特别是近年来跨境电子商务的快速发展给国际物流的模式带来了新的变化。

（三）按照物流系统性质分类

1. 社会物流

社会物流一般是指流通领域的物流，是社会物流的整体，故称为大物流或宏观物流。社会物流的一个特点是它与商业活动（贸易）一起发生。换句话说，物质流动的过程与所有权的变化有关。

2. 行业物流

同行业企业在市场上是竞争对手，但往往在物流领域相互合作，共同推动行业物流体系合理化。例如，同行业企业建立统一的零部件仓库，实行统一的集中配送，建立技术中心，联合培训操作人员和维修人员，使用统一的传票和统一的产品规格，等等。

3. 企业物流

在企业经济活动范围内，生产活动或服务活动所形成的物流系统称为企业物流。

（四）按照物流主体的不同分类

1. 第一方物流

第一方物流是指需求方对购买某一商品所进行的物流活动，如采购到原产地、货物自行运回等。

2. 第二方物流

第二方物流其实就是需求方物流，或者说采购物流，是用户企业向供应商市场采购各种物资所形成的物流。

3. 第三方物流

第三方物流是指物流服务的供给方和需求方以外的第三方完成物流服务的物流运作模式。第三方物流企业在整合各种资源后，为客户提供设计规划、解决方案、具体物流业务运作等服务。

4. 第四方物流

第四方物流是指集成商利用分包商来控制和管理客户公司的点对点供应链运作。第四方物流企业不仅对具体的物流服务进行控制和管理，还对整个物流流程提出规划方案，并通过电子商务对流程进行整合。因此，第四方物流企业成功的关键在于为客户提供最好的增值服务，即快速、高效、低成本、人性化的服务。

（五）按照流动方向的不同分类

1. 正向物流

原材料在生产企业库存中，由生产企业组织生产变成产品，再由经销商把产品销售给消费者所提供的物流服务被称为正向物流。

2. 逆向物流

逆向物流是指原材料、生产过程中的库存、成品以及相关信息，从消费者返回起点的高效率、低成本流动的计划、实施和控制的过程，其目的是重新找到开发产品的价值或找到适当的处置方法。

三、电子商务与物流的关系

电子商务给物流行业带来了新的发展契机。随着网络订单的不断增多，物流行业的业务量也出现了增长。同时，物流行业的发展对电子商务也有辅助作用，物流服务的质量影响着电子商务的发展。

（一）物流是电子商务实体产品实现的保障

1. 实现商品所有权的空间转移

电子商务交易的有虚拟产品和实体产品。虚拟产品能够通过网络通信实现所有权的复制和转移，而实体产品所有权的转移必须要依靠物流行业才能实现。因此，电子商务交易的实体产品需要靠物流来实现。

2. 物流是影响客户体验的重要环节

电子商务的出现最大限度地方便了消费者。消费者不必跑到拥挤的商业街，一家一家地挑选自己所需要的商品，只要坐在家里，在互联网上搜索、查看、挑选，就可以完成购物过程。消费者只要通过电脑或智能手机就可以完成在线下单。商家与消费者并不需要面对面接触，操作过程由消费者自己掌控。在整个交易过程中，唯一与消费者面对面接触的环节就是物流环节。物流配送的效率、物流配送人员的服务水平、物流信息的实时掌握与跟踪等，都是消费者要体验的服务，且不受消费者意愿的左右，因此物流影响着消费者对电子商务活动的感受，对消费者的体验影响非常大。

（二）电子商务对物流发展的要求

1. 跨区域性物流需求增多

借助于互联网，电子商务将整个世界联系在一起。电子商务的推广加快了世界经济的一体化，因为电子商务的跨区域性，物流活动也呈现出跨区域性。例如，一家网店的订单可能来自不同地区，那么这家网店的产品配送业务就是一种跨区域性的物流服务。

2. 需要加快物流信息化建设

电子商务的快速发展需要实时的物流数据作为支撑，这对物流行业的信息化要求非常高。例如，电子商务系统中的库存信息与产品仓库的信息要一致。处理订单时，要在最短的时间内找到产品所在仓库的位置并指出最短的路径，同时要能够实时地查询产品的状态。这些信息都必须依靠管理信息系统。因此，物流信息的商品化、物流信息收集的数据库化和代码化、物流信息处理的电子化和计算机化、物流信息传递的标准化和实时化、物流信息存储的数字化等，都是电子商务对物流信息化建设的基本要求。

3. 需要加快物流自动化建设

快速、有效是电子商务对物流活动的基本要求。减少人员参与、实现自动化流程就能够实现这个要求。电子商务对物流自动化建设的核心要求在于机电一体化，表现为无人化、自动化。另外，对于物流自动化建设，电子商务还要求扩大物流作业的能力、提高劳动生产率、减少物流作业的差错等。自动化设备有条形码自动识别系统、自动分拣系统、自动存取系统、自动导向车系统、货物自动跟踪系统等。

4. 需要加快物流网络化建设

电子商务的发展需要供应链上各合作伙伴更紧密地合作，因此物流网络化建设是电子商务发展对物流活动的重要要求。物流网络化建设要求企业与供应商不但得通过计算机网络联系，企业与下游客户还要通过计算机网络联系。这些网络大多数是互联网，有些则是专门的管理信息系统网络。

5. 需要加快物流智能化建设

随着业务量的不断增加，电子商务对物流自动化、信息化的要求更高，这就需要建设物流智能化系统来帮助处理电子商务业务的部分决策。智能分拣机器人、智能物流控制系统、无人配送技术等都是物流智能化的最好体现。

6. 需要加快物流人性化建设

电子商务能否获得成功，很大程度上取决于客户的体验感。因此，企业需要提供以客户体验为中心的物流服务。现代物流服务不仅提供商品货物的简单送达，而且强调此过程中物流服务质量的提升及客户个性化需求的满足。因此，物流服务人性化直接影响着电子商务客户的体验。

第二节　物流模式

一、自营物流

自营物流是指企业自行进行的运输、仓储、装卸、搬运、包装、流通加工、配送、信息处理等活动。自营物流可以帮助企业全面控制物流环节，实现对物流配送环节的实时监控，有效评价物流配送环节的绩效，从而提高消费者满意度。但是，企业自营物流对企业提出了更高的要求：企业需要在市场上进行仓库布局，使不同地区的消费者及时收到货物，同时最大限度地降低采购成本；为了有效地利用仓库空间，提高仓库的运营效率，企业需要投资立体仓库设备和信息化建设。为了实现高效的配送效率，企业需要构建配送网络，制定合理的配送规则，建立合理的配送评价体系。因此，电子商务企业选择使用企业自营物流系统来满足以下四个方面。

（1）需要实现产品所有权转移的订单数量非常大。

（2）配送效率非常高。

（3）企业实力雄厚，资金和资源丰富。

（4）有一定的物流人才储备。

二、第三方物流

自营物流模式由于涉及的成本较大，并不适合绝大多数企业。专业分工的细化和市场竞争的加剧，要求一些企业特别是中小企业注重提高核心竞争力，将一些配套活动外包给专业公司。在交易中，部分或全部处理交易双方物流功能的外部服务提供商称为第三方物流。第三方物流公司本身并不拥有货物，而是通过签订合作协议或形成合作联盟，在特定的时间内，以约定的价格向客户提供个性化的物流代理服务，包括运输、仓储、配送，以及一些增值服务。总体而言，第三方物流具有以下三个优势。

（1）有利于减少投资，节约成本，加快资金周转。企业自营物流需要大量的物流设备和人员投入，如建设仓库、购买车辆、建设信息系统、配备人员等。对于业务量相对较小的企业来说，这是一个不可能完成的任务。企业采用第三方物流，与第三方物流公司签订合同，通过支付服务费的方式获得物流支持，可以节省投资，加快资金周转，增强企业抗风险能力。

（2）有利于提高物流效率。第三方物流企业在物流业务中具有核心竞争力，能够为客户提供专业的物流服务。例如，第三方物流公司整合客户业务和物流系统进行分析和设计，使用专门的设备和工具进行运输和存储，将先进的装卸技术、自动识别技术、自动分拣技术应用于物流过程，并利用通信网络及时掌握物流过程信息。这些专业知识、设备和技术可以大大提高企业物流管理的效率。

（3）有利于企业利用外部资源，整合资源优势。任何企业的资源都是有限的。如何将现有的资源充分集中在核心业务上，弱化或外包不擅长的领域，应该作为企业的发展战略来考虑。将非核心物流服务外包给第三方物流公司，可以让企业利用第三方物流公司的核心竞争力来提升物流服务。企业可以将有限的资源集中在核心业务的发展上，从而提高企业的核心竞争力。

三、第四方物流

第四方物流是指对公司内部供应链集成商和互补服务提供商拥有的不同资源、能力和技术进行整合和管理，提供一套完整的供应链解决方案。这个定义非常适合描述第四方物流，因此被广泛采用。

第四方物流是在第三方物流的基础上发展起来的。与第三方物流相比，第四方物流服务内容更多，覆盖范围更广，对从事货运物流服务的企业要求更高。第四方物流要求物流服务公司为客户提供完整的供应链解决方案。总体而言，第四方物流的特征包括供应链重构和功能转换。

（一）供应链重构

供应链是一个组织的网络结构。网络结构中上下游方向的连接形成了不同的操作流程和经营活动，并以最终用户获得的产品和服务的形式产生价值。供应链重构是指第四方物流企业对其物流运作进行重构，使物流体系更加合理、高效，从而平衡供应链各环节产生的效益，使各环节的所有企业客户受益的过程。在供应链中紧密合作的企业可以与渠道中的其他合作伙伴培养良好的合作关系，并在此基础上实现共同目标的协同运营，提高绩效。

（二）功能转化

第四方物流企业通过战略调整、流程再造以及管理和技术的整体变革，整合客户之间的供应链运作，实现供应链活动和流程的整合和完善。职能转型涉及的具体职能包括销售和运营计划、分销管理、物资采购、客户业务流程再造等。

第四方物流企业的主要作用是整合资源，整合客户与客户的资源，重塑供应链业务流程，优化企业的供应链。

四、绿色物流

绿色物流是学术界提出的一个概念。一般来说，绿色物流是指采用先进的物流技术和环境管理理念，以减少污染物排放和资源消耗为目标，对物流网络系统进行规划、控制、管理和实施。也有学者认为，绿色物流是指在物流过程中减少物流对环境造成的危害，同时实现物流环境的净化和物流资源的最大化利用。绿色物流的主体是专业物流企业，以及相关的生产企业和消费者。

绿色物流是一个多层次的概念，既包括企业的绿色物流活动，又包括社会对绿色物流活动的管理、调控和控制。绿色物流的内涵包括以下四个方面。

（一）集约资源

集约化资源是绿色物流的本质，也是物流业发展的主要指导原则之一。企业通过整合现有资源，优化资源配置，提高资源利用率，减少资源浪费。

（二）绿色运输

运输过程中的燃油消耗和废气排放是造成物流活动环境污染的主要原因之一。因此，要创建绿色物流，首先要合理规划运输路线。通过缩短运输路线和提高车辆装载率，可以实现节能减排。此外，还应注意运输车辆的保养，使用清洁燃料，减少能源消耗和废气排放。

（三）绿色仓储

一方面，绿色仓储要求合理的仓库选址，节约运输成本；另一方面，绿色仓储要求对仓库进行科学布局，充分利用仓库，最大限度地利用仓储面积，降低仓储成本。

（四）绿色包装

包装是物流活动的重要组成部分。绿色包装可以提高包装材料的回收率，有效控制资源消耗，避免环境污染。

五、冷链物流

冷链物流是指冷藏冷冻类食品在生产、贮存、运输、销售等各个环节中始终处于规定的低温环境，以保证食品质量，减少食品损耗的一项系统工程。冷链物流是随着制冷技术的发展而建立起来的，是以冷冻工艺学为基础、以制冷技术为手段的低温物流。冷链物流的要求比较高，在管理和资金方面的投入也比普通常温物流的投入大。

冷链物流的适用范围包括初级农产品（蔬菜、水果、肉、禽、蛋、水产品、花卉等）、加工食品（速冻食品、禽肉熟食、奶制品、快餐原料等）、特殊商品（药品）等。它比一般常温物流系统的要求更高、更复杂，是一个庞大的系统工程。

冷链物流不仅能够满足人们对新鲜食品的需求，还能够使食物在运输途中尽量减少损失和浪费。虽然冷链物流拥有众多的优势，但是它仍存在一些问题。

首先，冷链物流的优势如下。

（1）冷链物流提高了食品的保鲜能力，不会影响食物的营养和味道，同时大大延长了食物的存储期限。

（2）冷链物流具有非常高的效率，不同地域之间的食物运输非常方便，食物运送到目的地时仍很新鲜。

（3）冷链物流为食品的安全运输提供了保证。冷链物流对冷藏冷冻类食品进行全程的温度控制，以确保食品的安全。冷链物流为生鲜电商的发展及生鲜商品新零售模式的实现提供了有力支持。

其次，冷链物流的劣势如下。

（1）冷链物流的标准落实还不到位，很多企业没有按照冷链物流的国家标准执行，自律性较差。

（2）部分冷链物流企业设备相对落后、技术水平低，无法为易腐食品提供低温保障。

（3）冷链物流理念的推广受阻。冷链物流的要求比较高，在管理和资金方面的投入也比普通常温物流的投入大，因此物流成本也相对偏高。

以上这些劣势都给冷链物流的发展设置了阻碍，所以市面上真正能做到全程冷链配送的企业屈指可数。

六、新零售模式下的新物流

新零售是指企业依托互联网，利用大数据、人工智能等先进技术，对商品的生产、流通和销售过程进行升级改造，从而重塑业务结构和生态系统，将线上服务、线下体验和现代物流深度融合的一种新零售模式。新零售强调线下物流、服务体验等优势与线上商流、资金流、信息流的融合，拓展智能化、网络化的全渠道布局。

新零售模式下新物流的特点之一是企业需要以消费者为驱动,从更值得信赖的产品、更好的购物体验、更好的成本效益、更快的配送等方面入手,打造以消费者为中心的新物流格局。例如,零售商可以通过了解顾客的消费行为特征,提供个性化、定制化的物流服务,甚至进行科学预测,提前备货;零售商可以通过原产地直接采购和物联网等技术实现成本降低,增加客户信任;零售商可以通过建立逆向物流和售后服务来提升顾客体验和满意度;零售商可以通过智能物流、资源共享、效率提升等方式降低物流成本;零售商可以通过店仓一体化、智能橱柜、微仓库等方式解决新零售模式中的"最后一公里"问题。此外,新零售模式下的新物流还强调以数字化为驱动,构建以数据为核心的数字化供应链网络,提高供应链的透明度和服务水平,最终达到贴近终端、直接面对消费者、去库存、加快物流响应速度、实现企业差异化竞争、提升企业整体价值的目标。

七、电子商务企业物流模式的选择

电子商务企业在进行物流决策时,应根据自己的需要和资源条件,综合考虑以下六个主要因素,慎重选择物流模式,提高企业的市场竞争力。

(一)物流对企业成功的影响程度

当物流对企业成功的影响程度高时,企业需要更加专业化与可控化要求高的物流服务,一般有三种选择。

(1)当企业处理物流的能力相对比较弱时,采用第三方物流。

(2)当企业处理物流的能力很强时,采用自营物流。

(3)当物流对企业成功的影响程度低时,企业一般会选择外购物流服务。

(二)企业对物流控制能力的要求

越是在竞争激烈的产业,企业越是要强化对供应链和分销渠道的控制。此时,企业需要能够实施即时指令的物流服务,而自营物流是最好的选择。当企业无法选择自营物流时,提高供应链管理效率是外包物流服务必须要考虑的问题。

(三)企业产品自身的特点

对于大宗工业原料的运输或生鲜产品的配送,企业应选择相对固定的专业物流服务商和短通道物流;对于全球市场配送,企业应选择区域性的专业物流公司提供支持;对于产品线单一或为核心企业生产配套产品的企业,应选择龙头企业统一管理的自营物流;对于技术要求较强的物流服务,如港口物流服务,企业应选择委托代理的方式;对于非标设备厂家来说,自营物流虽然盈利,但还是应该委托专业的物流服务公司。

（四）企业规模和实力

一般来说，大中型企业由于自身能力较强，有能力建立自己的物流体系，制定合理的物流需求计划，保证物流服务质量。此外，企业还可以利用过剩的物流网络资源，对外拓展业务。

（五）物流系统总成本

物流系统的总成本包括运输成本、仓库维护费、批次成本、固定仓储费、可变仓储费、订单处理信息费、客户服务费。一般来说，当库存数量减少时，存储成本降低，但由于运输距离和频率的增加，运输成本可能会增加。保持成本减少量大于成本增加量是选择和设计物流系统时的必要论据，最终确保选择成本最低的物流系统。

（六）第三方物流的客户服务能力

电子商务企业在选择第三方物流服务时，必须考虑仓库设置、配送点覆盖范围、物流设施设备、供应链管理效率、物流服务满意度评价体系、物流增值服务等因素。这些因素直接影响到第三方物流快速有效地处理电子商务企业订单的能力。

第三节　电子商务与供应链管理

一、供应链概述

（一）定义

对供应链的定义没有统一。其中，最典型的一个定义为：供应链是组织结构的网络结构，通过网络结构中上行（上游）正向和下行（下游）逆向的衔接，以及不同的运作过程和业务活动，产生以最终用户获得产品和服务的形式表现出来的价值。这个定义比较贴合实际，因此被广泛引用，得到了业界的认可。

（二）供应链的构成要素

供应链主要由供应商、制造商、分销商、零售商和客户构成。

（1）供应商是指为生产厂家提供原材料或者零部件的企业。

（2）制造商负责产品生产、开发和售后服务等。

（3）分销商是指为将产品送到经营地域范围中的每一角落而设的产品流通代理企业。

（4）零售商是指将产品销售给消费者的企业。

（5）客户是指最终消费者。

（三）供应链的特征

（1）供应链是网络。在传统意义上，供应链就是把一些松散的企业（或者业务）连接在一起进行协调，以控制、管理和改进从供应商到最终用户的物流和信息流。

（2）供应链是组织结构的链路结构。链路是指维系供应链的各个过程和各种关系。供应链的链路可以是上行的和下行的。上行指的是企业及其供应商之间，或者供应商和供应商之间的关系；下行指的是一个企业及其客户之间的关系。供应链的链路既有上行业务，又有下行业务；也就是既有配送业务，又有回收业务。

（3）供应链是一个活动过程。从不同的角度观察，对供应链过程的描述存在一定的差别：从采购商的角度来观察，组成供应链的过程是搜寻、获取、使用、维护；从供应商的角度来观察，组成供应链的过程是研究、设计、制造，或提供、销售、服务。

（4）供应链是价值增值的过程。价值是指购买者愿意支付之物，通常存在两种情况：购买者付出的价格最低而活动的利益相同，购买者获得某种特殊的利益足以抵消较高的价格。

（5）供应链以最终用户为价值评价的导向。一般来讲，供应链的所有过程和业务产生的商品或服务的接受者是客户。供应链中前接或后续的环节都存在客户，客户可以是内部的，也可以是外部的。在供应链的定义中，以最终用户为价值评价的导向，因为供应链延伸的尽头是消费者，商品或服务的订单也是从消费者那里发出来的。

二、供应链管理

在经济全球化的形势下，市场竞争不断加剧，产品的种类和数量飞速增多，产品的生命周期逐渐变短，顾客对产品和服务的要求逐年增高，企业面临的市场环境已经转向了买方市场。因此，资金、技术、人员、信息等生产要素在全球范围内快速地自由流动，相互影响、相互依存。企业寻求最有利的资源配置，使得世界各国的经济日益紧密地联系在一起。传统的企业管理模式已经不再适应新形势，迫切需要更先进的管理理念和管理模式出现。

（一）供应链管理的概念

供应链管理是管理学中的一个新概念，目前对供应链管理还没有一个统一的定义。许多学者和机构从不同的角度给出了不同的定义。供应链管理是指企业利用计算机网络技术，对供应链中的商流、物流、信息流和资金流进行综合规划、组织、协调和控制。供应链管理连接了制造过程的每一个要素，从原材料到供应过程再到消费者，包括几个组织边界。

供应链管理是连接制造和供应过程中的每一个要素的链条，包括从原材料到消费者的所有环节。该定义涵盖了整个价值链，描述了从原材料提取到最终使用的采购和供应链管理过程。它主要关注如何使企业能够利用供应商的流程、技术和能力来增强竞争力，并在组织内实现产品设计、制造、物流和采购管理功能的协作。另一种定义是整合组织内不同功能领域的物流，从企业内部开始，利用直接战略供应商的能力和技术，特别是他们早期参与产品设计，以提高生产制造商的效率和竞争力。

上述定义包括从原材料提取到最终使用的采购和供应链管理过程，主要关注企业如何利用供应商的工艺流程、技术和能力来提高竞争力，实现内部在产品设计、生产制造、物流、采购管理等功能上的协同。

（二）供应链管理的内容

供应链管理与合作的内容主要涉及供应、生产计划、物流和需求四个方面。供应链管理以互联网为依托，以同步、一体化的生产计划为指导，从供应、生产计划、物流、需求四个方面进行管理。供应链管理主要包括从供应商到用户的物料和信息的规划、合作和控制，以提高用户服务水平和降低整体交易成本为目标，同时寻求两者之间的平衡。影响供应链管理成功实施的因素有很多，其中最关键的因素是库存、成本、信息、客户服务和合作关系。

1. 库存

库存流量和库存水平的管理是供应链管理的重点，也是评价供应链管理成败的主要绩效标准。库存水平既要满足客户需求，又要保证管理成本的降低。为了保持商品库存的供需平衡，有必要对供应链进行全面管理，避免不必要的重复。当客户需求存在不确定性时，对库存流量和库存水平的管理对供应链管理提出了更为复杂的要求。

2. 成本

高效率和低成本是供应链管理的重要目标。

3. 信息

信息影响着供应链管理的效率和有效性。在供应链管理中，信息的有效流动和及时共享对决策至关重要。客户需求的类型和变化对原材料需求、生产计划、库存管理、物流需求等产生积极影响。

4. 客户服务

客户服务是决定供应链管理成功与否的重要因素。当公司将物流成本或价格与供应链管理中提供的相关服务联系起来时，全球供应链的成功。客户服务保持全球供应链的竞争力，赢得更大的市场份额。

5. 合作关系

供应链合作伙伴之间的合作是决定供应链管理成功的另一个重要因素，供应链管理是指将整个供应链作为一个独立的组织来运作。每个合作企业都专注于自己的核心竞争力，将其他业务外包给供应链合作伙伴。这种方法可以更灵活、更敏捷地响应不断变化的业务环境。

供应链管理不仅仅关注供应链中物质实体的流动。除了企业之间的运输问题和物流问题外，供应链管理还包括以下主要内容：供应链管理战略的制定，战略供应商与合作客户之间的伙伴关系管理，供应链产品需求的预测与规划，供应链的设计（全球节点企业对资源、设备的评估、选择与定位），企业间物资的供需管理，基于供应链管理的产品设计与制造管理，生产一体化的跟踪与控制、基于供应链管理的客户服务与物流管理、企业间资金流的管理、基于互联网的供应链运营平台的信息支持与信息管理等。

三、电子商务对供应链管理的影响

随着电子商务迅速发展，消费者的消费理念和消费习惯都发生了变化。多品种、差异化、需求波动变化大、客户体验要求高等都考验着企业的竞争力。这种竞争力最直接的体现就是对客户订单快捷高效的处理能力。为了满足消费者的需求，电子商务开始优化自身的供应链系统，力求提升供应链管理能力，这逐渐对原有的供应链管理产生了深远的影响。

（一）反应速度快

反应速度快是消费者对电子商务提出的新要求。为实现这个要求，零售商和制造商建立战略伙伴关系，利用信息技术，进行销售时点的信息交换及订货补充等其他经营信息的交换，用多频次、小数量的配送方式连续补充商品，以实现缩短交货周期、减少库存、提高客户体验水平和企业竞争力的目标。

（二）信息共享、集成化要求更高

为提高客户体验水平，提高电子商务企业的订单处理能力，缩短配送周期，以及提高供应商供货的准确度，供应链中的信息必须集成共享。供应商要通过供应链系统及时地了解货品销售的信息以及库存信息，及时地组织生产和送货；供应商要通过供应链系统及时了解订单的信息、货品的库存信息、货品的配送跟踪，及时处理订单的相关事务，提高客户的满意度；配送时，供应商要通过供应链系统综合分析订单和仓储的相关信息，以最短路线、最少成本、最快时效的原则把货品准确送到客户手中。

（三）开放化、柔性化

客户订单多、产品生命周期短、订单量波动大等，都考验着电子商务企业对订单有效的处理能力。以少量供应商、少量仓储、统一的客户需求为特点的闭环供应链模式已经不太适合电子商务活动的需要。电子商务企业的供应链需要根据市场的变动进行及时调整，这就要求电子商务企业的供应链管理要更加开放化，客户要能够方便地进入供应链系统下订单，新的供应商要能够更加快捷地进出企业的供应链系统。

（四）合作伙伴关系更密切

供应链中的合作关系是一种战略合作。战略合作关系的形成通常是为了降低供应链总成本、降低库存水平、增强信息共享、改善合作伙伴之间的关系。保持合作伙伴之间操作的一贯性，从而产生更大的竞争优势，以实现供应链节点企业的财务状况的改善，以及实现产品质量、产量、用户满意度和业绩的提高。在电子商务中，消费者对订单处理、送货效率的要求都非常高。与此同时，消费者订单的差异化要求越来越明显。这对企业的采购、生产以及供货都提出了更高的要求，使供应链中的各合作伙伴之间的关系更加紧密。

（五）企业之间的竞争转化为供应链之间的竞争

在电子商务中，处理一个订单需要依靠电子商务系统的数据处理、仓储的调配货、采购处理、配送处理等，涉及供应商、电子商务企业及配送商。电子商务企业是核心企业，其他企业围绕着核心企业的业务组织生产或提供服务。如果其中的一个环节出了问题，就会影响消费者的体验。因此，在电子商务环境下，核心企业之间的竞争更多的是考验供应链的优劣。

第四节　电子商务与物流信息管理

一、物流信息与物流信息系统

（一）物流信息

物流信息是指与物流活动（包装、运输、储存、产品装卸等）有关的所有信息。物流信息是反映各种物流活动的知识、材料、图像、数据和文件的总称。物流信息是在物流活动的不同阶段产生的信息，通常是物流活动从生产到消费产生的信息流。物流信息可以在物流过程中有机地整合各种功能，如运输、储存、装卸、包装等，以确保整个物流活动的顺利运行。

1. 物流信息的含义

物流信息有狭义和广义两种理解。狭义地说，物流信息是指与物流活动有关的信息，如订单信息、库存信息、采购说明信息（生产说明信息）、运输信息和物流管理信息。从广义上讲，物流信息不仅指与物流活动有关的信息，还包括与其他物流活动有关的信息，如原材料贸易信息和市场信息。

2. 物流信息的特点

在电子商务时代，人们的需求正朝着个性化的方向发展，物流流程也正朝着多品种、小批量生产和高频、小批量配送的方向发展。因此，物流信息在物流过程中也有许多不同的特征。与其他领域的信息相比，物流信息主要有以下四个特点。

（1）物流是一项大规模的活动，物流信息的来源也分布在很大的区域，有多种来源和大量的信息。如果不能实现统一管理或标准化，就会导致信息缺乏普遍性。

（2）物流信息的动态性质特别强，信息的价值迅速下降，对信息工作的即时性提出了很高的要求。强调物流系统的即时性需要快速收集、处理和处理信息。

（3）物流信息有很多种，系统内的每条线路都有不同类型的信息。由于物流系统与生产系统、销售系统、消费系统等其他系统之间的密切关系，因此也有必要从这些系统中收集信息。这使得对物流信息进行分类、搜索和控制变得更加困难。

（4）不同类别的物流信息有不同的特点。例如，关于物流系统产生的信息，由于需要向社会提供这些信息，企业正在努力收集完整和完整的信息；对于从其他系统收集的信息，必须根据物流需求进行选择。

（二）物流信息系统

物流信息系统是为物流企业服务的，主要处理各种物流活动中产生的物流信息。物流信息系统是以现代管理理论为指导，以计算机网络技术为基础，以系统思维为指导，能够采集、传输、处理、存储信息，为物流管理人员提供决策信息的人机交互系统。

物流信息系统的目标是为物流管理人员提供物流管理工作所需的信息。物流信息系统是为了服务于物流管理工作而设计的，而不是为了取代物流管理人员的工作。物流信息系统支持高、中、低三个层次的物流管理活动。

物流信息系统由技术系统和包括人在内的人机系统组成，是一个以人为中心的系统。物流信息系统对企业的各种物流数据和信息进行采集、传输、处理和存储，并将有用的信息传递给用户，协助企业对物流业务进行综合管理。物流信息系统具体由计算机硬件、软件、通信网络、其他办公设备和人员以及相应的管理系统组成。

物流企业中不同层次的管理人员使用物流信息系统处理不同层次的管理业务：物

流业务人员使用物流信息系统处理物流业务，物流管理人员使用物流信息系统控制物流过程，决策者使用物流信息系统辅助决策。从系统的角度来看，物流信息系统是企业信息系统的一个子系统，可以分解为一系列子系统。

二、物流信息技术

(一) 条形码技术

条形码技术是一种自动识别技术，在计算机的实际应用中出现并发展起来，为物流中货物的识别和描述提供了一种方法。

条形码是一种标签，由一组有规则排列的黑条、白条和对应的字符组成，用于表示某些信息。其中，黑带对光具有较高的反射率。条形码包含数字信息、字母信息、标志信息、符号信息，主要用于表示商品的名称、产地、价格、类型等。它们是在全球范围内表示产品代码的通用方法。条形码扫描需要一个扫描仪，它使用自己的光源来照亮条形码，然后使用光电转换器来接收反射光，将反射光的亮度转换为数字信号。

条形码不仅可以用来识别商品，还可以用来识别资产、位置和服务关系。它们是实现电子商务和供应链管理的技术基础，也是实现物流管理现代化、提高企业管理水平和竞争力的重要技术手段。

条形码技术有以下四个优点。

（1）输入速度快：与键盘输入速度相比，条形码输入速度比键盘输入速度快5倍，可以实现实时数据输入。

（2）可靠性高：使用条形码技术的错误率小于百万分之一。

（3）信息收集量大：传统的一维条码可以一次收集几十个字符的信息，而二维条码可以携带数千个字符的信息，并具有一定程度的自动纠错能力。

（4）灵活实用：条形码识别可以作为一种独立的识别方法，也可以与相关的识别设备结合使用，实现自动识别。它还可以与其他控制设备连接，以实现自动化管理。

此外，条形码标签易于生产，对设备和材料没有特殊要求，识别设备操作简单，不需要用户进行特殊培训，而且相对便宜。在零售业，因为条形码印在产品包装上，所以成本几乎为零。

(二) 射频识别技术

射频识别技术是一个综合了计算机技术、信息采集和处理技术、无线数据传输技术、通信技术、网络技术和数据库等技术于一体的自动化控制技术。与其他自动识别系统一样，射频识别技术也包括信息载体和信息采集设备。其中，加载识别信息的载体是射频标签，获取信息的设备称为射频阅读器。射频标签和阅读器使用感应和无线电波进行非接触式双向通信，从而实现数据交换和识别。

无线射频识别技术不需要人工干预，可以在各种具有挑战性的环境中工作，如高温、严寒、空气污染等。无线射频识别技术也可以用于工厂装配线上的物体跟踪，以及自动收费和车辆识别。

（三）GPS技术

全球定位系统（GPS）主要是指使用导航卫星进行计时和测距。全球定位系统由三个子系统组成：空间卫星系统、地面监测系统和用户接收系统。GPS主要用于供应链管理，监控或调度车辆、船舶、火车等，用于智能旅行导航，并执行货物跟踪管理。GPS主要由三个部分组成：空间部分是GPS卫星星座，地面控制部分是地面监视系统，用户设备部分是GPS信号接收器。

GPS卫星发出的导航和定位信号是一种信息资源，可以被无数用户共享。对于陆地、海洋和大气的用户来说，只要他们有能够接收、跟踪和测量GPS信号的接收设备，他们就可以在任何时候使用GPS信号进行导航和定位。

（四）GIS技术

地理信息系统（GIS）是一个多学科产品，以地理空间数据库为基础，使用地理模型分析方法提供实时空间和动态地理信息。它是一个用于地理研究和决策的计算机技术系统。地理信息系统的基本功能是将表格数据转换为地理图形的形式，然后允许用户浏览、操作和分析显示的结果。地理信息系统主要用于以下四个方面。

1. 车辆路线模型

它用于解决货物从一个起点到多个终点的运输过程中降低物流运营成本和保证服务质量的问题。

2. 网络物流模型

它用来解决寻找最有效的货物配送路径的问题，即物流网点的布局问题。

3. 分配集问题

它可以将同一层次上的全部或部分要素根据其相似性划分为若干层次，以解决确定服务范围的销售市场问题。

4. 设施定位模型

它用于确定一个或多个设施的位置。在物流系统中，仓库和运输路线共同构成物流网络，仓库位于网络的节点上，节点决定着运输路线。利用GIS的企业可以根据实际的供需情况和经济效益原则，回答在给定区域内设置多少个仓库、每个仓库在哪里、每个仓库有多大、仓库之间的物流关系如何等问题。

（五）物联网技术

为了识别、定位、跟踪、监控、计数、分类和拣选物流中的对象，在现代物流信息系统中充分利用各种物联网技术，如射频识别技术、GPS、传感器技术、红外、蓝牙、激光等，使物流更加智能化。物联网技术在物流中的应用主要有四个方面。

1. 智能托盘

在托盘上安装射频识别技术标签，有利于托盘管理和监控。例如，使用射频识别技术标签来识别在自动化仓库中移动的托盘，并动态跟踪托盘。通过视频监控系统，在仓库操作过程的不同时刻收集和记录信息，实现仓库操作过程的自动化管理。目前，在烟草业、制药业、农业和食品行业有许多成功的例子。智能托盘可以在信息收集和管理以及货物识别、跟踪和拦截方面发挥充分作用。

2. 智能交通

融合射频识别技术、无线服务技术、GPS、GIS和其他技术的监测和信息管理平台，为物流、货运和配载构建实时导航监控和货运信息监控平台。通过识别货物、集装箱和托盘，射频识别技术标签使运营商能够及时了解销售过程，显示货物的来源和运输状态，并成功地将货物运送到指定的目的地。

3. 智能仓储

企业通过在配送中心的收货点、仓库出入口、托盘、货架等物流检查站安装固定式射频识别技术读写器，在货物包装盒上粘贴射频识别技术标签，在搬运设备上安装移动式射频识别技术读写器，并使用手持读写器，实现配送中心货物的自动化入库、盘点、分拣、出库。实现库存的信息化管理。企业可以实时掌握商品的库存信息，通过自动化补货系统及时补货，降低库存水平，提高库存管理能力。

4. 智能搬运

企业在汽车物流、烟草物流、医药物流等先进物流系统中使用了智能机器人。这些智能机器人执行指令，自动处理和堆叠操作。随着信息技术和传感技术的发展，企业可以实现智能化运营和管理。目前，智能机器人具有遥控、感温、感光等新的智能特性。因此，它可以作为物联网运营的执行者，进行高效的搬运和堆叠操作。

第六章

"互联网+"时代的新零售

第一节　网络零售概述

一、网络零售的概念

零售是提供与消费者最终消费有关的商品和服务的活动。零售业是历史最悠久、规模最大的行业之一。零售业的每一次进步都将使人们生活质量得到提高，甚至创造一种新的生活方式。零售业是一个国家和地区经济运行状况的标志，如果国民经济发展协调，社会经济结构合理，这首先体现在流通领域，特别是消费品市场。由于零售业对就业的特殊贡献，许多国家都将发展和促进零售业作为一项反就业政策。网络零售业是高投资和高技术的结合，零售商使用先进的计算机技术和各种通信技术来快速响应消费者的需求。随着互联网的普及和电子商务的快速发展，越来越多的企业开始关注网络零售。

网络零售是指交易双方在互联网上进行的商品交易活动，也就是通过互联网来组织和传递信息，完成有形和无形财产的所有权转移或服务的消费。

二、网络零售业的发展现状

虽然我国网上购物只有二十多年的发展历史，但它被越来越多的消费者接受甚至喜爱。在过去的十几年中，我国网络零售业实现了爆发式的增长。网上商店是建立在网络世界中的虚拟商店。与传统百货商店不同，在网上商店购物的消费者不必走出家门，只需在网上进行选择。零售商也不会把产品在商店里移动，等待消费者上门，而是在消费者的电脑或智能手机上提供有关产品的信息，从而实现消费。

网络零售的出现也改变了消费者的购物方式，人们的购物习惯从传统的实体商店面对面购物变成了新形态的网络购物。这种消费的转变反映的是消费市场的变化，所以商家也要顺应网络时代的变迁，迎合这种全新的销售渠道。

（一）网络技术突破了时空局限

店面选择在传统零售经营中极为重要，甚至有人将传统零售经营的第一成功因素归结为地址选择，因为没有客流就没有商流，客流量成为传统零售经营成功的关键因素。连锁店之所以能够快速崛起，就是因为它突破了单个实体店面的空间限制，形成了更大的商圈。而在信息时代，网络技术已经超越了地域的界限，任何一个零售商只要稍加努力就可以将目标市场扩大到全国甚至全球。市场已经真正国际化，零售竞争也在加剧。对于传统零售商来说，地理位置的重要性将大大降低。我们要想进入市场，就必须更多地依靠经营管理的创新。

（二）新零售促进销售方式变革

在信息时代，人们的购物方式发生了根本性的变化。消费者已经从在实体店购物转向在家购物，这使得他们可以轻松地在线完成原本需要花费大量时间和精力的购物行为。购物方式的改变必然导致商店销售方式的改变，一种新的零售组织形式"网上商店"应运而生。它具有无可比拟的优势，也已经发展成为了零售的主导模式。传统零售商必须引入新的商业模式和新的组织形式，通过改造原有的商业模式，将网上商店的业务流优势与自身的物流优势相结合，实现最大的组合效率。零售转型将不再是一种局部创新，而是一场真正意义上的全球革命。

（三）零售商需要内部重组

在信息时代，新零售的兴起促使传统零售商必须进行组织结构和业务结构重组。无论是在公司内部，还是在公司与外部市场之间，网络都将取代传统零售商原有的一些渠道，并对传统零售商的内部组织产生重大影响。其中，主要的影响是销售人员的减少、组织层级的降低、管理人员的增加、零售门店数量的减少以及虚拟组织的优势，这使得传统零售商意识到组织重组的紧迫性。特别需要指出的是，网络的兴起改变了公司内部的工作方式和员工的学习方式，从而加强了员工个体的独立性和专业性。

（四）经营成本下降，利润有所降低

在信息时代，零售商的网络化经营实际上是一个新的交易工具和交易方式形成的过程。在网络经营中，零售商的内部和外部交易成本降低了。对于零售商来说，如果完全网络化，可以节省的成本包括：内部沟通成本、人工成本、库存占用的成本、店面租金、营销费用、信息调查成本等。此外，由于网络技术克服了信息交流的障碍，人们可以在互联网上进行搜索，直到最理想的价格出现，这使得市场竞争更激烈，降低了零售利润。

三、什么产品适合网络零售

在互联网上销售的产品可以是任何产品或服务。但是，正如不同的产品应用不同的营销渠道一样，在线零售也有其影响，网上零售往往取决于产品的性质、科技含量、产品的目标市场、谈判方式等因素。一般来说，适合网上零售的产品主要有以下六个特点。

（一）质量容易把握的产品

在网上零售中，买方与卖方不见面，卖方看不到产品的实物，只能从卖方提供的图片和文字信息中了解产品。如果销售人员提供的信息不准确和详细，则可能是买方对产品不满意，导致退货。图书、音像制品、电子产品、标准化产品等容易保证质量的产品更适合在网上销售。

（二）新产品

新产品由于上市时间较短，缺乏大规模的促销活动，不适合在传统商店销售，而低成本的网上销售模式促进了销售。具有新奇和特别功能产品，在网上销售时候更容易引起消费者关注，具有更好的推广传播效果。

（三）纯手工产品

由于生产能力的限制，纯手工制品的产量适中。通过传统渠道销售的成本相对较高，而在线零售可以将销售成本降至最低，并覆盖更广泛的消费者群体。更多纯手工制作的产品适合网上销售。

（四）附加值高的产品

在商业发达的今天，普通消费品的批发和零售的差别太小，不适合在网上直销（在网上做广告就可以了）。网上商店应该尝试选择更有利可图的产品，这样可以给消费者很大的折扣。

（五）针对特殊人群的产品

针对特定人群的产品更适合在网上销售。一个特定的人口只是所有消费群体的一小部分，但对于城市人口来说也不小。传统商店受地理位置的限制，可能很少有游客；网上商店可以不受地域限制地迎合更广泛的消费群体。开传统商店是无利可图的，开网上商店也是无利可图的。

（六）服务性产品

作为一家服务型公司，推广服务型产品是非常重要的。许多服务公司经常使用广告来吸引消费者，但由于相对较高的成本和有限的媒体形式，通常很难详细说明所提供服务的类型和价格。通过注册为购物平台的特殊服务提供商，就可以低成本地推广服务产品。

第二节　网络零售业对传统零售业的影响

一、传统零售业现状

传统零售的线下供给明显减少，最终惠及线上零售商。对于消费者来说，这些网上商店将变得越来越方便他们购物。传统零售商是网络零售业务的主体，网络零售排名的前半部分是实体连锁企业经营的B2C电子商务网站。在网络零售商中，许多流量排名靠前的公司已经开设了实体店。传统零售商虽然起步晚于网络零售商，但凭借品牌优势和资源优势，迅速占据主导地位。

二、传统零售商开展网络零售的优势

与传统零售相比，网络零售在订货方式、产品展示形式、营销方式、物流形式等方面都有所不同。但从根本上讲，它仍然是一种零售方式，离不开传统零售的一些基本环节，如采购、物流、售后服务等。这些基本步骤决定了一个公司能否生存和发展。传统零售商进行网上零售的优势主要体现在以下三个方面。

（一）内部管理层面

1. 稳定的进货渠道

采购渠道的建设并不完全像签订合同和下订单那么简单，而是需要时间来适应。经过多年的经营，大多数传统零售商已经建立了相对稳定的采购渠道，这意味着商品的供应具有持续的供应能力，明确的质量保证，价格与市场上的同类产品相似。这对消费者来说意义重大，尤其是销售规模大的传统零售商，在购买渠道上更有优势，可以获得更低的价格。

2. 相对完善的物流体系

具有一定销售规模的传统零售商大多建立了比较完善的物流体系，一般都有较大的配送中心和相当数量的物流车辆。它们的商店遍布全国，并与物流制造商密切合作。这些优势是在线零售商所不具备的。

3. 强大的品牌影响力

开展网络零售的传统零售商多为全国或地区的龙头企业，具有较高的品牌知名度和美誉度，其品牌影响力自然向网络零售业务辐射。

（二）消费者层面

1. 丰富的购物体验

对于消费群体来说，体验消费仍然是最重要的。实体店可以为消费者提供直接的购物乐趣，而网店缺乏面对面交流的亲切感。

2. 完善的售后服务

销售产品并不是交易的终点，售后服务是零售的重要组成部分。家电具有一定的科技含量，使用时间长，消费者购买后，一般都需要进行安装、咨询、检测、保养和维修。传统零售商在提供售后服务、退换货方面也有优势，这是网络零售商短期内无法做到的，因为他们拥有网络资源、制造商网络和服务网络。

（三）监管层面

传统零售经过长期发展，法律法规相对完善，企业管理规范，政策风险较低。由于过去二十年的快速发展，网上零售在税收、财务管理和消费者权益保护等领域引起了监管机构的注意。传统零售商相对规范的管理为其开展网上零售业务奠定了坚实的基础。传统零售商在经营中更注重税收、产品质量和消费者权益保护。

三、传统零售商开展网络零售的劣势

与传统零售相比，尽管网络零售有很多相似之处，但它仍然是一项高度专业化的业务。即使是拥有丰富资源和坚实基础的传统零售商，也不一定能在网络零售中脱颖而出。在网络零售中，传统零售商的劣势主要体现在以下四个方面。

（一）技术水平不足

与传统零售相比，网络零售对技术的要求更高，要求系统更加强大、稳定、安全，在网络建设、营销手段、消费者分析和数据挖掘技术等方面都有不同的做法。传统零售商一般都建立了较为健全的企业信息系统，但这和网络零售所要求的技术条件有很大的不同。

（二）专业团队欠缺

传统零售商通常将最优秀的人才投入到商店运营和产品管理中，而在线零售则严重缺乏人员和设备。一些传统零售商只将网上零售业务委托给信息部门，而在产品配置、物流规划等方面赋予信息部门的权限不够。

（三）营销经验不足

传统零售和在线零售的最大区别在于它的营销方式。同时，在网站推广、产品展示推广和消费者服务细节方面也存在显著差异。传统零售商在实体店营销方面有丰富的经验，但它们对在线销售的理解仍处于起步阶段。在满足长期消费者需求方面，在线零售商的思维模式早已脱离了传统零售商有限的货架空间，这使得传统零售商难以在短期内做出调整。

（四）业务方向和定位不清

大多数传统零售商的决策者对从事在线零售的原因、规模以及在线零售在企业业务中所占的位置都没有明确的概念。一些传统零售商认为，在线零售增加了他们业务的时尚感，但总的来说，他们缺乏明确的商业方向和定位。传统零售中最重要的是区分不同的产品：服装、玩具等小件物品在互联网零售中具有显著的优势；对于大宗商品来说，价格是至关重要的。

四、零售业变革助推网络零售快速发展

随着电子商务的不断发展，越来越多的企业采用在线零售。在线零售的发展无疑对商业增长产生了重大影响。零售业正在发生深刻变化，主要有三个原因。

（一）零售业的变革源于技术进步力量的推动

自现代以来，零售业经历了许多变化。每一个变化都有技术进步的影子。零售业的转型伴随着一场由同一时期的技术革命引发的工业革命。特别是在信息时代，网络技术在社会经济各部门的普及和电子商务的兴起，迫使传统零售商改变其管理理念、管理模式、组织结构、管理流程等。网络技术正逐渐渗透到社会和经济生活的方方面面，零售业的转型是大势所趋。零售转型是一个同时发生多个变化的过程，而不是一个循序渐进的发展过程，这导致了零售转型的复杂性和突发性。

（二）外部市场环境变化导致零售业内部调整

为了生存和发展，零售业必须适应不断变化的社会经济环境，否则就注定要消亡。经过多年的经济体制改革，市场环境发生了根本变化。在从卖方市场向买方市场的转变中，消费者逐渐成为控制市场的主导力量。信息技术的发展充分满足了消费者的个人和不同的需求。如果零售商不相应地调整其商业模式，制造商可能会绕过中间商，直接向消费者提供商品或服务。与此同时，跨国零售集团通过更先进的管理手段为消费者提供更好的服务，使零售行业的竞争在更高的平台上展开。这迫使传统零售商进行彻底的变革和创新，以获得更多的空间。

（三）零售业根据发展规律进行内部结构调整

零售业的发展有其自身的规律和商品流通体系，通过自身的变化，能够在大规模生产与消费多样化之间创造新的组织形式，充分发挥其生产与消费的协调功能。在经济高速发展的时代，零售组织的自我更新带来了零售业的变革。

传统零售商在开展在线零售活动方面有很多优势，也有很多值得在线零售商学习的地方。线下发展线下，线下也发展线下，两者相互融合是必然趋势。而且，从实际结果来看，传统零售商虽然起步较晚，但由于生产较晚的优势，占据了较高的市场份额。

传统零售和网络零售都是零售方式，都旨在通过特定渠道销售产品并将其交付给消费者。传统零售商有固定的销售网点，这使它们能够充分利用区域优势，了解消费者心理，并提供良好的售后服务。网上零售商存在于虚拟空间中，针对的是大量希望通过某种信息技术有效节省库存成本、搜索成本等的消费者，为消费者提供完全不同的购物体验。

网络零售与传统零售在商业上完全契合，都通过信息技术建立了与消费者的渠道关系模式。传统商务活动中的各种规律都可以适用于电子商务，或者至少可以借鉴电子商务。从这个意义上说，传统零售商一旦掌握了新技术、新手段，就具有了很强的竞争能力。

五、传统零售商如何开展网络零售业务

（一）优化企业的基础能力建设

传统零售商首先要打造商品管理、库存管理等核心竞争力，更好地支持网络零售活动的健康发展。例如，传统的百货商店模式主要采用的是联营模式，仅限于商品品类管理和品牌，一般没有同级别的商品或个人物品，控制商店产品的库存变化是不够的，因此加强商品和库存管理迫在眉睫。

（二）加强企业的信息化建设

传统零售商通过信息化建设获得更大的发展空间，使实体店的零售数据与网上零售数据同步，提高了运营效率。例如，信息技术和客户关系管理平台后台数据相结合，可以优化在线会员管理，并允许精确的消费者细分和营销。信息建设不是一个信息技术部门可以完成的任务，它需要公司高层管理人员的参与和贡献。

（三）掌握网络零售的营销方法

网络零售的营销方式与传统零售有很大的不同。传统零售商缺乏对消费者网上消费模式和行为模式的分析和积累，缺乏网络营销经验，营销方式缺乏创新。传统零售商应学习电子商务营销方法，掌握网上零售、广告和口碑营销，重视利用微博、微信等新媒体，积累和挖掘消费者数据，实现精准营销。

（四）充分发挥传统零售商的优势

一方面，传统零售商拥有品牌和客户优势。传统零售商经过多年的经营，在一定程度上获得了品牌美誉度、顾客忠诚度、社会认可度等优势。传统零售商在网上开展业务时更容易获得现有品牌的支持，而通过长期交易积累的大量消费者数据有助于培养优质用户。

另一方面，与电子商务公司相比，传统零售商在网上零售方面具有店铺规模优势和顾客体验优势，有利于电子商务的发展。有很多大中型零售企业的连锁店，可以用来为线上企业提供支持，成为线下的体验中心和服务中心——售后、物流等站点，为消费者提供高效、实用、优质的服务。

（五）线上、线下有机整合

传统零售商在开展线上零售时，遇到商品线上配送与线下流量、配送等方面的冲突，就必须将线上与线下有机结合，线上与线下融为一体，两者共同成长。

（六）布局移动平台

网络零售商已经开始在加强移动战略，积极培养消费者的移动使用习惯，并寻求更多的渠道来吸引移动端流量。传统零售商也应该顺应这一趋势，加强他们的移动端促销活动。此外，在大数据时代，传统零售商还应该利用移动互联网收集数据，分析移动智能终端消费者的购买行为，并利用这些技术了解它们的消费观念、行为偏好、态度，从而实现精准营销。

（七）积极探索全渠道零售

能够与消费者建立真正联系的全渠道零售是传统零售商的重要发展方向。通过多渠道零售，传统零售商可以从实体店无缝过渡到网上商店。虽然许多大型传统零售商已经意识到全渠道零售是企业需要的创新，但传统零售商的全渠道零售之路还有待探索。

第三节　网络零售存在的问题及对策

一、电商如何避免恶性竞争

（一）电商行业普遍存在价格战

电子商务行业采用的最常见的策略是价格战，许多商家整天都在考虑如何为消费者提供尽可能实惠的产品。当然，商家确实希望在先赔钱之后能盈利，但这种策略是危险的，消费者总是会找到更便宜的产品。即使商家有办法降低成本，在与对手竞争中最终获胜，它也肯定会自我伤害，正所谓"杀敌一千，自损八百"。

（二）低价不是获得成功的关键

有人说拼多多的成功源于低价策略。越来越多的人转向拼多多消费，商家开始开拼多多店，拼多多也因此积累了人气。也有人说，京东的成功也是因为价格低廉，价格低是京东的优势，但淘宝和拼多多上很多产品甚至更便宜，京东在与淘宝的竞争中仍然增长良好，这是什么原因？事实上，京东相对于淘宝的主要优势是正品，正是凭借这一优势，京东才得以在强大的淘宝面前生存下来。

（三）实施差异化战略

避免恶性竞争的最好方法是实施差异化战略，因为这将使你的产品或服务与众不同，甚至没有竞争。没有竞争对手，生意自然好办，更不用担心恶性竞争。差异化战略是公司使用各种方法来区分其产品或服务，并在此过程中制定竞争战略。比如，针对淘宝产品质量得不到充分保证的短板，京东推出了正品专卖的正品战略，击中了淘宝实施差异化战略的软肋。

二、有效的差异化战略

（一）价格差异化战略

价格差异化战略主要是指产品与价格的有机结合。这种策略的基础是产品，价格差异化是手段。这一战略的实施对公司的经营至关重要。价格差异化战略并不仅仅意味着依靠价格取胜，还需要企业进行必要的营销整合。例如，企业需要考虑渠道、促销、包装、服务等。最重要的是，如果企业能够在品牌和文化上区分产品，这是最高的水平。

价格差异化策略也有缺点，企业往往为了获得价格优势而降低成本，这就导致必要的产品成本降低，从而导致产品质量下降，使用寿命缩短等问题。价格差异化战略的实施以产品相同、价格不同为前提。这对公司内部的管理提出了更高的要求，需要对整个公司有一个清晰的认识。对于价格差异化策略，企业应考虑到产品的消费群体，根据不同消费群体的消费水平设计不同的产品，以满足不同的消费者需求。

（二）产品差异化战略

产品差异化战略不仅指产品本身，还包括质量、产品特性、产品设计等方面。

1. 产品质量差异化

企业必须始终坚持以消费者需求为出发点，以消费者100%满意为终点的理念，全身心地投入到为消费者提供产品的工作中去。

2. 产品特性差异化

产品特性是对产品基本功能的一定补充，是产品竞争优势的具体体现。企业需要在产品特色上突出结构优化、性能优化等。

3. 产品设计差异化

产品设计实际上是一个综合因素。在产品设计之初，企业就必须充分考虑到消费者的需求，考虑到消费者所使用的产品的环境特点和消费者的整体特点，对这些问题进行分析，设计出不同类型的产品来满足消费者的需求。

（三）服务差异化战略

服务差异化战略包括在订购、交付、安装、客户培训、咨询服务、维修和保养等方面将公司与竞争对手区分开来，从而给公司带来良好的形象。

1. 方便订购

企业在给客户订货时采用多种手段，如邮购、网上订货等，为客户订货提供便利。

2. 精确交货

产品或服务如何准时、准确地交付也是客户关注的一个方面。在交付方面，企业需要从客户的角度思考，如何选择最好的交付方式来满足客户的需求。例如，企业与物流公司、航空公司等合作，以多种方式将产品或服务运送到客户指定的地点。

3. 安装到位

除了必须确保产品能够正确使用之外，企业还必须为客户提供设施调试指导，以便更好地满足客户对设施的需求。

4. 周到服务

一些家电制造商为客户公司的员工进行培训，使他们能够进行设备的后续维护和服务，使产品耐用可靠。一些家电制造商在没有及时培训的情况下，采用针对问题的咨询服务为客户提供解决方案。

5. 及时维保

客户向本企业购买产品后，本企业必须在约定期限内提供维修保养服务。如果产品出现异常、损坏，不能正常工作，企业应在48小时内派人处理，以消除客户的后顾之忧。

第七章

新技术对电子商务的影响

第一节　大数据对电子商务的影响

"互联网+"行动计划将鼓励以大数据、云计算和物联网为代表的新兴技术与传统制造业和服务业深度融合，形成新的产业形态，为传统产业发展开创新局面，为"大众创业、万众创新"提供有利环境，为产业智能化提供支持，为经济发展注入新动力，促进国民经济提质增效。

一、大数据概述

数据化是信息社会的主要标志。人类经过农业社会、工业社会，现已进入了信息社会。信息社会是高度信息化的社会，也是高度数据化的社会。尤其是大数据技术的出现，使过去很多不可计量、存储、分析和共享的东西都被数据化了，标志着人类在探索量化世界的道路上前进了一大步，使人们认识世界的能力有了空前提高。就像现已熟知的定理、公式，客观上早就存在，一经发现，就变得非常有价值，成为指导行动的利器。数据也是这样，过去缺乏技术手段，不能被大量采集和利用。而在"互联网+"时代，大数据技术使人们离发现事物的本质及其变化规律更近了。依靠大数据技术，所有可以数据化的信息都被数据化了，人类认识和改变世界的能力大大提升了。

在"互联网+"时代，电子商务在全球发展迅速。电子商务信息公开、透明，可实现信息流、商流、资金流的快速流通，降低了贸易成本。同时，电子商务也对世界经济的增长做出了一定的贡献。

社会的不断进步推动了互联网的发展，在网络平台中，数据信息更是不计其数，这样就产生了数量巨大的数据。大数据迎来爆发式增长，有着广泛的覆盖范围，被普遍地应用于各个行业。

在实际的处理过程中，大数据主要指人们对合适的数据进行合理的使用，并创造更大的价值空间。在大数据处理过程中，更要保证有一定的处理技术，并对处理技术进行全面的升级。

二、大数据处理的基本特点

大数据处理往往有如下三个特点。

第一，有庞大的数据量。基于信息时代的特点，在实际的数据分析过程中，很多人打破了传统的数据采集方式，打破了原始数据单一化的特点。大数据有着较广的应用领域和较大的应用规模，但和原始数据的处理过程相比，大数据的处理过程有一定难度。

第二，处理过程较为快速。这个特点明显优于传统的处理模式，在数据的采集过程中，更是合理地使用全部数据，有着相对较好的处理效果。

第三，价值密度相对较低。非结构化数据往往缺乏程序性的处理，以至于在保持原始数据的过程中，更是夹杂着一些有用信息或无用信息。

三、大数据带来的变革

大数据分析是一种新兴手段，让用户能够以前所未有的深度挖掘大量数据，旨在提炼出高价值的产品、服务或深度洞察信息。亚马逊构建了一个专属的推荐引擎，该引擎通过分析客户的大量历史数据，根据他们的过往购买偏好，精准推送他们可能感兴趣的商品与内容。目前，亚马逊三分之一的销售额得益于这一个性化推荐系统的助力。

大数据的核心力量在于基于相关性分析方法的预测能力。以折扣零售商为例，它通过全面收集个体的所有数据，运用相关性分析揭示事物的真实面貌。折扣零售商利用所有到店购物者的购买记录作为数据基础，识别出二十多个关联因素，这些相关关系助力零售商相当准确地预测顾客的预产期，从而能在顾客孕期推送相应的产品优惠券以促进销售。类似地，数据的再利用也能为生活带来便利。比如，针对城市居民面临的交通拥堵难题，公司可以借助GPS追踪每位司机的手机位置，分析并确定哪些路段拥堵、哪些畅通，以缓解出行困扰。

随着技术的飞跃和产业结构的变革，制造业正步入快速发展的轨道。云计算、大数据、移动互联网等新一代信息技术，作为产业创新、融合发展、转型升级和现代化建设的关键驱动力，展现出革命性的创新力量，正在重塑全球产业结构和生态体系。工业互联网已成为信息化与工业化深度融合的新动力，而工业大数据的应用则成为提升工业生产效能、竞争实力和创新潜能的核心要素。

正如互联网重塑了世界，大数据也在深刻改变着人们的生活方方面面，因为它为人们创造了一个前所未有的、可量化的生活维度。当下，众多企业的利润增长和品牌形象均源自基于大数据的分析决策模型。

四、电子商务物流大数据处理的主要影响

电子商务物流领域的大数据处理流程对电子商务的全面发展起到了多方面的促进作用，为其带来了和谐与健康的发展态势。这一流程确保了电子商务物流运营的高度数据化，摒弃了传统的运营模式，转而以数据为核心，贯穿于企业运营的各个环节，包括采购、市场营销、财务管理等。在大数据处理的过程中，深入分析客户需求并进行精准预测是不可或缺的，这有助于企业在降低成本的同时实现利润的最大化。

首先，大数据处理显著优化了电子商务物流产品的投入产出比例，提升了供应商与分销商之间价值链的整合度，使得企业与客户之间的联系更为紧密。通过大数据分析，企业能够更准确地把握市场需求，从而调整产品策略，提高市场响应速度。

其次，大数据处理确保了信息时代电子商务数据的资产化，为企业在数据化竞争中的胜出奠定了坚实基础。正确掌握和评估数据，并注重合理的数据分析，能够使企业运营更加透明化，进而创造更多的经济效益。通过大数据分析，企业能够发现潜在的商业机会，制定更为科学的经营策略。

总体而言，电子商务物流大数据处理的主要目标是显著提升其处理效率。分析大数据处理的特点可以发现，这一过程不仅复杂而且规模庞大。电子商务大数据的处理，确保了电子商务物流行业的科学化、规范化运营。它不仅为电子商务营销提供了坚实的基础保障，还为大数据的个性化处理提供了有力支持。通过有效处理物流大数据，企业能够提升竞争力，为电子商务物流企业的发展带来更为显著的经济效益和社会效益。在大数据的推动下，电子商务物流行业将迎来更加广阔的发展前景。

五、大数据营销应用

在大数据应用中，从学术研究到企业报告和政府规划，都出现了大数据营销。然而，相关的学术研究仍然不足，企业一般从务实角度看待大数据营销，而政府则从宏观环境和政策角度出发看待大数据营销。可以说，现在已经进入了大数据营销的时代。

（一）大数据营销提高了企业营销效率

1. 大数据营销在企业的渠道优化方面发挥着至关重要的作用

在当今这个信息爆炸的时代，消费者主要通过社交网络和移动应用等渠道来获取商品和服务的相关信息，而这些信息往往被储存在云端，形成庞大的消费者数据库。企业通过对这些消费者使用信息的深度挖掘，可以精准地优化其营销渠道，判断各渠道的投资回报率，并针对不同类型的消费者群体制定差异化的营销策略。这种基于数据的精细化运营，使得企业能够更有效地触达目标受众，提升营销效果。

2. 大数据营销极大地提升了企业营销信息传递的精准度

随着互联网的普及，消费者的导航记录、搜索历史以及在线购物行为等信息都被各大平台详尽记录。同时，线下购物场景中的电子支付信息和会员系统也记录了消费者的购买行为。消费者通过这些渠道在商家面前展现出自己的需求和偏好，而企业则利用大数据技术对这些信息进行整合和分析，从而对消费者进行精准分类，识别出目标消费群体。基于消费者的个性化特征，企业能够向他们推送更加精准、符合其需求的营销信息。相比之下，传统营销方式往往以产品为中心，忽视了消费者的真实需求，而大数据营销则通过提升主动性和准确性，为消费者提供更加贴心的服务。

3. 大数据营销在企业的决策制定过程中也扮演着举足轻重的角色

与传统营销方式相比，大数据营销建立在更加全面、丰富的数据基础之上，其分析效果远超传统的问卷调查。通过大数据分析，企业能够获取更加准确的消费者洞察，从而为企业决策提供有力的数据支持。例如，金融机构在推出新产品时，需要准确评估目标客户对新产品的接受度和预期营销效果，这时就需要借助庞大的消费者数据库进行分析。同样，作为电子商务巨头的阿里巴巴，正是依靠其丰富的用户数据进入金融领域。通过收集和分析中小企业的日常资金流动和商品交易数据，阿里巴巴能够精准掌握单个公司的经营状况和信用状况，进而有效控制信用风险，提高决策的准确性和有效性。

（二）大数据营销提升了客户体验

大数据营销不仅极大地促进了企业的运营效率，同时也显著提升了产品用户的整体体验，这体现在对用户需求的精确捕捉、用户反馈的高效传递以及对反馈信息的深度重视等多个维度。大数据营销在赋能企业的同时，也为产品用户带来了前所未有的体验升级，具体表现在以下几个方面。

1. 大数据营销实现了对用户需求的精准捕捉

随着工业化生产的飞速发展，市场上产品种类繁多，设计各异，消费者在购买过程中面临着品牌、价格、性能、优惠幅度等多重选择。特别是在电子商务平台上，消费者还需考虑商家的信誉、产品的质量等复杂因素。这种多样化和多层次的选择往往让消费者难以做出最终决定。而大数据营销的出现，为企业提供了强大的分析工具，使企业能够精准地细分用户群体，并为他们推送真正所需的产品信息，实现了以客户为中心的服务宗旨。对于消费者而言，他们获得的信息更加个性化、有价值，远胜于传统营销模式下的泛泛而谈。

2. 大数据营销促进了用户反馈的有效沟通

在大数据营销体系中，企业不仅关注用户使用产品前的信息，还深入收集用户使用产品后的反馈，以此作为产品改进的重要依据。传统营销模式下，企业往往过于追求利润，忽视了客户信息的收集和反馈，导致产品无法根据消费者的实际需求进行改进。而大数据营销则打破了这一僵局，通过全面收集和分析用户反馈，企业能够及时发现产品存在的问题，进而进行有针对性的优化，提升产品的质量和性能。

3. 大数据营销高度重视消费者反馈信息

在大数据营销时代，消费者反馈信息被视为企业决策的重要参考。企业只有理性分析并利用消费者反馈，才能充分发挥大数据营销的优势。每一次用户体验的反馈，都被视为产品改进的宝贵机会，企业会根据这些反馈不断调整和优化产品，确保每一次迭代都能真正满足消费者的需求。这种以用户为中心、以数据为驱动的理念，让大数据营销成为了推动企业发展的重要力量。

（三）大数据营销推动了平台互通互联

消费者以一种虚拟但又真实的形式存在于互联网上，为了准确地掌握消费者的需求，了解他们生活中的重要时刻是很重要的。人们的日常生活已经充分与互联网联系起来，例如在社交网站上与家人朋友互动，在电子商务平台上消费，在亲密的酒吧社区策划活动，在论坛、博客上发表个性意见，在知识平台上进行知识普及。大数据营销需要的是在网络上收集碎片化的消费者信息，从而获得消费者的整体画像，从而进行个性化营销。因此，大数据营销的发展促进了各大互联网平台的相互融合。随着线上平台的发展，大数据营销也促进了线上线下营销平台的互联互通。媒体通过跨界并购，使报纸、电视、互联网有效结合，资源共享，获取大量消费者信息并集中处理，衍生出不同形式的营销信息，再通过不同的平台传播营销信息，提高营销效率。

六、大数据与电子商务支付

随着移动互联网技术的迅猛进步，电子交易已成为众多消费者实现快速网购的首选方式。在此背景下，利用大数据技术推动业务分析与营销成为运营商亟待解决的关键议题。

当前，现金支付方式正逐渐被消费者摒弃，现代化支付手段，特别是移动支付，已在餐饮、交通、旅游、娱乐及民生等各个领域成为消费者的首选支付方式。移动支付技术的飞速发展与大数据技术的日益成熟，共同为新零售业态的探索开辟了广阔空间，推动了新零售模式的诞生。随着阿里巴巴、腾讯等互联网巨头大规模进军线下市场，中国零售业正经历一场前所未有的加速整合。移动支付与大数据技术的支持，使得实体零售的价值日益凸显，线下场景的竞争愈发激烈。阿里巴巴凭借支付宝在移动支付领域的领先地位，而腾讯则通过微信社交网络和微信支付构建了庞大的生态圈。无论是阿里巴巴还是腾讯，其强大的数据能力已成为新零售领域竞争的核心优势。

作为数据的重要来源，电信运营商在运营服务过程中积累了大量运营数据、电信基础设施数据及其他关键数据。这些数据的积累为运营商在数据技术领域奠定了坚实基础，并形成了竞争优势。为了充分发挥运营商数据的独特价值，中国移动、中国联通、中国电信这三大国内电信运营商均在移动支付领域进行了布局。例如，中国电信的翼支付在数据技术能力方面已达到较高水平，能够迅速处理万亿级交易，并实现系统日志的毫秒级响应。据公开资料显示，翼支付还将进一步打造人工智能应用平台，将深度学习技术与风控、征信、精准营销等领域深度融合，探索智能化运营模式。金融、电子商务等领域的数据价值正在被不断挖掘，数据的重要性日益凸显，数据能力的竞争已成为推动行业变革的关键因素。

移动支付产业的蓬勃发展为新零售的快速发展提供了肥沃土壤，并在促进经济增长中发挥了重要作用。在移动支付领域，强大的风险控制能力成为相关产业实现大规模、稳健发展的根本保障。如何运用技术手段提升应对安全隐患的能力，确保用户账户资金安全，成为移动支付产业必须面对的重要课题。各大移动支付平台纷纷依托自身优势构建各具特色的防控机制，通过综合分析用户基本信息、通信、消费等数据特征，精准识别潜在风险。从各移动支付平台的实践来看，不断挖掘数据在风险控制方面的潜力，确保业务全面落地且平稳运行的安全基础，已成为各移动支付平台的共同发力点。移动支付风控能力的持续提升，为新零售的快速发展提供了坚实保障。

七、大数据与电子商务个性化信息服务

电子商务的个性化信息服务是满足不同用户特定信息需求的一种服务模式，即根据用户的需求提供个性化的信息。或者，根据用户不同的上网习惯，电子商务平台主动为用户提供信息服务，为用户创造良好的信息环境。个性化信息推荐服务是一种基于用户信息使用偏好，满足用户对个性化信息需求的服务。研究用户信息使用模式有助于更好地为用户提供符合需求的信息资源，从而促进个性化信息服务的实现。

(一) 个性化信息的服务内容

就个性化信息服务而言，用户不能简单地认为每个用户的个人情况不同，对信息服务的需求也不同。电子商务网站可以为用户提供广泛的选择，更重要的是，可以根据用户的购买习惯，按需向用户推荐符合用户需求的产品信息，从而减少用户寻找符合其需求的产品的时间。不仅如此，电子商务网站还可以利用用户在网上购物过程中留下的数据，并将其应用到产品推广过程中，更好地满足用户的个性化需求。

(二) 个性化的服务方式

使用较为广泛的信息服务模式是拉模式，即信息提供者直接在网上发布信息，用户可以根据自己的需要在网上找到相应的信息。这种服务模式将允许用户投入大量的时间和精力来转换不同的网页。推模式对应拉模式，在推模式下，信息提供者将最近更新的信息以摘要的形式发送给用户，用户可以根据需要过滤进一步的信息。推模式的好处是可以为用户节省大量的时间，让他们在搜索的过程中不会浪费太多的精力。

大数据信息的收集实际上模糊了商业信息和个人隐私之间的界限。当消费者进行消费者付款时，该消费者付款可能被视为个人机密，但它也是服务提供者的一个服务过程，是业务记录的一部分。在这种背景下，商业大数据和隐私交织在一起。大数据的边界不明确，哪些信息可以通过互联网平台和第三方收集，哪些信息会被视为侵犯用户隐私等，立法和执法尚未跟进商业环境的新变化。从法律上厘清大数据与隐私的界限，为保护用户个人信息提供法律支持势在必行。

此外，区块链可以更好地为商家和用户服务，作为未来基于用户数据的消费者识别、跟踪、供应链采购和定价系统等大数据应用的重要手段。区块链的特点是信息的真实性、不可侵犯性和系统的完整性。区块链可以在电子商务中发挥重要作用，增强信心，重新定义交易的各个方面，并改变消费者的消费方式。

第二节　AI大模型引领电商行业变革

在数字时代，电子商务行业面临着激烈的市场竞争和不断变化的消费者需求。AI（人工智能）大模型是当前最先进的技术之一，正逐步融入到各行各业，也开始渗透到电子商务的各个环节，从用户体验到供应链管理，深刻影响着行业的未来。

一、AI大模型关键技术及其应用

AI大模型人工智能的应用基础是多种核心技术的有机结合，这些技术协助应用，共同为电子商务行业提供了强有力的支撑。

（一）深度学习

深度学习是一种通过人脑中的神经网络模拟数据处理的技术，来处理复杂的非结构化数据，如图像、文本和声音。在电子商务领域，深度学习被广泛应用于用户行为分析和定制推荐系统。通过了解用户的浏览历史、购买行为和偏好数据，电商平台可以准确地向用户推荐产品，提高购买转化率。例如，亚马逊的推荐系统依靠深度学习来分析数百万用户的购买数据，从而提供定制的购买建议。

（二）自然语言处理（NLP）

自然语言处理（NLP，Natural Language Processing）是人和机器沟通的桥梁，可以让计算机理解、生成和交流人类的自然语言。在电子商务领域，NLP可以帮助人们提高客服质量，优化客户体验。比如，人们可以使用NLP聊天机器人开展客户服务，它可以比人类更实时、更准确响应用户的服务请求，解决问题速度更快，从而提高客户服务效率。另外，使用NLP分析用户的自然语言表达的建议和各种反馈信息，从而使电商企业以更低的信息处理成本及时掌握需求，及时有目标的调整产品和服务，优化用户的产品和服务体验。

（三）计算机视觉

计算机视觉技术使计算可以理解和解释图像、视频等视觉信息。使用这种技术的电子商务平台，可以实现产品图像的自动分类，可以自动完成同类产品推荐，或者提供增强现实（AR）测试服务。利用计算机视觉技术，用户可以利用图片搜索找到相似或相关的网络信息内容，有效提高了消费者购物的便利性和准确性。

（四）智能机器人

智能机器人已广泛应用于电子商务物流和客服领域。仓库中的自动化机器人可以快速完成取件和包装，大大提高了物流效率；在线客服机器人可以提供7*24小时在线客户服务，技术解决消费者购物时遇到的各种问题。职能机器人不仅帮助人们提高了工作效率和质量，还极大的降低了人工成本。

（五）自主系统设计

自主系统设计技术使电子商务平台在完成复杂的任务任务时候更加自动化、智能化，比如自动定价、库存管理、市场预测等。电子商务企业通过自主设计和优化，可以快速应对市场变化，降低经营风险。例如，自动定价功能可以根据市场需求和竞争对手的价格来自动调整商品价格以保持商品在价格方面的竞争优势。

（六）数据挖掘

数字时代，互联网上积累了海量的数据。人们可以采用数据挖掘技术从海量的用户数据中提取有价值的信息，分析各种事物之间的联系，从而帮助电子商务企业制定准确的营销策略。通过分析购买历史数据以及用户与社交媒体和电商平台的互动，帮助电商平台更好地了解消费者的需求，并制定更有针对性的广告投放或促销活动等营销方案。

二、AI大模型在不同类型电商中的应用

AI大模型在电子商务行业中的应用，不仅体现在技术水平的提高上，而且还深刻影响着不同类型的电商模式，以及各个电子商务模块。深入分析AI大模型在这些方面的应用，可以帮助人们更好地理解AI大模型是如何重塑电子商务生态的。

（一）不同类型电子商务的升级

1.货架电子商务

传统的基于货架的电子商务模式是基于商品的线性呈现，具有更单一的用户体

验。借助人工智能技术，电子商务平台可以根据情况动态调整商品呈现的先后顺序，从而优化用户的购物体验，激发用户购买意愿。例如，根据用户的浏览历史和购买记录，平台可以优先选择最相关的产品，增加用户的购买意愿。

2. 社交电商

社交电商是一种通过社交媒体平台推广和销售商品的模式。通过分析社交数据，AI大模型可以识别潜在客户，并为他们定制推广内容，从而提高转化率。例如，人工智能可以分析用户在社交媒体上的互动行为，从而预测他们的购物偏好，并向他们发送可能感兴趣的商品信息。

3. 兴趣电子商务

兴趣电子商务侧重于满足用户个性化的兴趣需求。人工智能通过分析用户的兴趣概况来改善用户的购物体验，使企业能够准确地推荐与用户兴趣相关的产品。例如，对于对某一特定爱好充满热情的用户，人工智能可能会推荐相关的产品、内容或社区活动，以增强用户凝聚力。

4. 即时零售

即时零售是基于商品的快速交付和即时满足用户需求的能力，借助人工智能预测用户的即时需求，优化分销路径，缩短交货时间，提高用户满意度。例如，通过分析用户地理位置和订单历史数据，人工智能可以预测潜在的用户需求，并提前将商品储存到最近的仓库。

5. 私域电商

私域电子商务注重与用户保持长期的关系，通过对用户数据的精细分析挖掘价值，人工智能可以帮助企业更好地管理和利用私人流量，提高用户的终身价值。例如，人工智能可以根据用户的消费习惯和偏好，开发个性化的营销方案，提高用户的回头率和忠诚度。

（二）AI大模型在电商模块中的创新应用

1. 供应链管理

在供应链管理中，AI技术用于优化库存管理、物流调度和供应商选择。通过预测市场需求和分析供应链不同环节的数据，AI可以帮助企业降低库存成本，降低供应链风险。例如，AI可以实时监控库存水平，并根据销售数据自动补充库存，以避免库存积压或库存短缺。

2. 内容创作与展示

在电子商务平台的内容创作环节，系统能够自动生成详尽且高质量的产品描述、图像及视频素材，进而优化用户的购物体验。具体而言，系统能根据商品特性自动生成吸引人的展示版本，并对图像进行美化处理，以此激发更多用户的购买兴趣。

3. 营销策略实施

大型企业借助数据分析，能够制定精准的营销策略，并通过自动化和流程化管理提升整体运营效率。例如，某国际企业通过分析消费者的购物路径与行为模式，识别出影响购买决策的关键因素，并据此调整营销策略，如适时向有疑问的用户发放优惠券。

4. 搜索与推荐

利用先进的搜索与推荐技术，可以显著提升用户的搜索效率。通过分析搜索关键词和用户行为，系统能够为用户提供更加精准、个性化的搜索结果与推荐内容。比如，图像搜索功能允许用户上传图片，系统能自动识别并推荐相似或相关的产品。

5. 客户服务与管理

采用高效的客户服务模式，企业能够在电子商务领域提供更加明智的服务，并通过数据分析改进客户关系管理。例如，智能客服机器人能够自动回答常见问题，并在遇到复杂问题时转交给人工客服处理，从而提高服务效率。同时，企业还能通过分析客户的购买历史与反馈信息，制定更加有效的客户战略。

三、AI大模型在电子商务中的应用场景

人工智能大型模型在电商领域的实际应用颇为广泛，覆盖了从产品设计至客户服务的整个流程。掌握这些应用场景，不仅能深化对人工智能技术的实践认知，还能为企业提供宝贵的操作指南。

（一）产品设计智能化

借助人工智能大型模型，企业可深入剖析市场走向、用户反馈及竞品信息，进而优化产品设计。它能预测市场需求走向，助力企业打造更贴近消费者心意的产品。例如，通过分析海量用户评论，AI能提炼出产品优势与不足，为设计师提供改进创新的灵感。

（二）供应链智能优化

在供应链管理中，人工智能大型模型通过数据驱动，提升各环节的运作效率。从采购、库存到物流，AI都能实施实时监控与优化，减少资源浪费与时间延误。例如，它能预测各地区需求波动，提前调整库存布局，进而降低物流成本。

（三）精准营销策略

人工智能大型模型的强大计算能力，让精准营销成为可能。通过分析用户数据，AI能为每位用户量身打造个性化营销内容，如定制广告、优惠券及推荐产品，提高营

销的精准度和成效。例如，AI能识别用户生命周期阶段，推送相应营销信息，提升用户转化率。

（四）运营自动化与智能化

人工智能技术让电商平台的日常运营更加自动化与高效。AI通过数据分析优化运营策略，如商品定价、促销活动和库存管理，减少人工干预。例如，AI能实时监控市场动态，根据竞品定价策略自动调整价格，保持市场竞争力。

（五）虚拟形象创新应用

虚拟形象是人工智能在电商领域的创新应用，主要用于品牌推广与用户互动。虚拟形象不仅能担任客服角色，解答用户问题，还能作为品牌大使，与用户进行情感交流，提升品牌影响力及用户忠诚度。例如，在直播带货中，虚拟形象能扮演主持人，通过互动提升直播效果。

（六）智能客服与对话系统

智能客服系统已在电商中广泛应用，能处理大量用户咨询，提供快速精准答复。AI对话系统不仅能理解用户意图，还能通过上下文理解与情感分析，提供更贴心的服务。例如，当用户对产品犹豫不决时，AI技术能主动提供优惠信息或推荐替代产品，协助用户决策。

（七）客户关系智能管理

人工智能大型模型通过分析用户行为数据，助力电商企业更好地管理客户关系，制定个性化维护策略。AI技术能识别高价值客户，通过个性化服务与优惠提升他们的忠诚度和复购率。例如，根据用户购买历史，AI技术能预测未来需求，在恰当时间推送信息商品或促销活动。

四、AI大模型带来的价值与展望

人工智能大型模型的应用对电商企业而言，不仅是技术上的支援，还是对整个行业产生了深远影响。这些影响体现在多个维度，从吸引流量、提升用户体验，到提高行业整体效率，人工智能大型模型正引领电商行业的未来走向。

（一）流量获取方式的革新

传统电商依赖大规模广告与多渠道推广来获取流量。而人工智能大型模型的引入，则颠覆了这一模式。凭借精准的用户画像与行为分析，AI能在恰当的时机向合适的用户推送合适的商品，显著提升流量的转化效率与获取质量。例如，AI驱动的精准推荐系统能有效降低新用户的获取成本，同时增加用户的购买频率。

（二）用户体验的全面升级

人工智能大型模型通过提供高度个性化的服务，显著优化了用户体验。无论是精准的商品推荐，还是智能客服的贴心服务，AI技术都为用户带来了更加便捷、舒适的购物体验。例如，个性化推荐系统能减轻用户的选择负担，帮助他们迅速锁定心仪商品，从而提升整体购物满意度。

（三）行业效率的整体跃升

AI技术的应用不仅提升了企业的运营效率，也推动了整个电商行业的效率提升。通过优化供应链管理、库存控制及物流配送等环节，AI技术助力企业降低成本、提升利润。例如，AI技术能基于销量预测优化库存水平，避免库存积压或缺货现象，提高资金利用效率。

（四）企业运营成本的削减

人工智能大型模型的自动化与智能化应用，在多个方面降低了电商企业的运营成本。无论是自动化客服、智能物流，还是精准营销，AI技术都显著减少了企业对人力资源的依赖，降低了人工成本与管理费用。例如，AI客服机器人能处理大部分常规咨询，大幅降低企业的客服成本。

（五）人力资源的优化配置

AI技术的应用使得许多传统电商职能得以自动化、智能化，从而优化了企业的人力资源结构。通过AI技术，企业能将人力资源从低价值、重复性的工作中解放出来，投入到更具创新性、战略性的工作中。例如，AI技术能自动化处理订单与支付，减少人工操作的错误率与处理时间。

（六）市场机遇的发掘与拓展

人工智能大型模型不仅帮助企业在现有市场中提升竞争力，还为企业开辟了新市场机遇。通过精准的市场分析与用户需求预测，AI技术能帮助企业发现未被满足的市场需求，推出新产品或服务，抢占市场先机。例如，AI技术能通过分析用户搜索数据，识别新兴消费趋势，助力企业提前布局新品类，获得市场优势。

人工智能大型模型的广泛应用正在深刻改变电商行业的格局，从技术创新到商业模式变革，AI技术为电商企业带来了前所未有的机遇。借助深度学习、自然语言处理、计算机视觉等技术，AI技术不仅提升了用户体验，还显著提高了行业效率与企业盈利能力。随着AI技术的持续进步，电商行业将迈向更加智能化、个性化的新阶段。企业唯有积极拥抱AI技术，把握变革中的机遇，才能在激烈的市场竞争中保持领先地位。

第三节　云计算加速电子商务创新升级

近年来，随着电子商务的兴起，企业界迅速认识到利用计算机和互联网技术可以极大地提升业务效率，拓宽盈利渠道，更好地适应市场需求。电子商务不仅为消费者提供了前所未有的便捷服务，也促使各大企业纷纷加入这一变革浪潮，以期在激烈的市场竞争中占据有利地位。

然而，电子商务的快速发展并非没有障碍。企业在推进电子商务业务的过程中，遇到了诸多技术难题和经济瓶颈。其中，最为突出的包括海量数据的存储及安全性问题、复杂的计算需求、以及日益增长的硬件成本和设备需求。为了有效运营电子商务平台，企业必须构建完善的网络系统，并具备足够的计算能力。这往往需要巨额的资金投入，不仅增加了企业的运营成本，也限制了其业务扩展的速度和规模。

与此同时，客户群体和数据流量的激增进一步加剧了企业的压力。随着电子商务平台的用户数量不断增加，所产生的数据量也呈现出爆炸式增长。这对企业的数据存储和处理能力提出了更高的要求。而传统的IT架构在应对这种大规模数据处理时显得力不从心，不仅效率低下，而且成本高昂。正是在这种背景下，云计算技术应运而生。

一、云计算概述

云计算（cloud computing）作为一种先进的分布式计算模式，其核心在于将庞大的数据处理任务拆解成无数微型程序，借助由众多服务器构建的系统来执行分析，进而实现对海量数据的高速处理与高效运用。此技术不仅有效解决了任务分配与结果整合的难题，还能够在极短时间内处理成千上万的数据，为用户带来强大的网络支持。

"云"在本质上是一个网络架构，从狭义角度理解，云计算即为一个按需提供资源的网络平台。用户可随时访问"云"上的资源，按需取用，且这种资源被视为近乎无限扩展的，仅需根据实际使用量付费。类似于自来水厂的供水模式，用户按需取水，按量缴费。

广义而言，云计算是信息技术、软件及互联网服务的一种综合体现，这个资源共享池被称为"云"。云计算将大量计算资源集成起来，通过软件实现自动化管理，仅需少量人力参与，即可迅速提供资源。这意味着计算能力如同水、电、煤气等公共资源一样，在互联网上流通，方便易用且成本较低。

所以，云计算并非一种新型网络技术，而是一种创新的网络应用理念。它以互联网为核心，在网站上提供快速、安全的云计算服务与数据存储，使每个互联网用户都能利用网络上庞大的计算资源与数据中心。云计算被视为继互联网、计算机之后的又一信息时代革命，标志着信息时代的巨大飞跃，预示着未来可能步入云计算主导的时代。尽管目前关于云计算的定义众多，但基本内涵一致，即云计算具备高度的扩展性和需求适应性，为用户提供全新体验，其核心在于整合众多计算机资源，使用户能够不受时空限制，通过网络访问无限资源。

二、云计算的服务层级与特性

(一) 云计算的服务层级

云计算的服务层级主要分为三大类别，它们共同构成了云计算的完整生态体系：基础设施即服务（IaaS）、平台即服务（PaaS）以及软件即服务（SaaS）。这三者紧密相连，层层递进，有时被形象地称为云计算的堆叠架构。

1. 基础设施即服务（IaaS，Infrastructure as a Service）

IaaS是云计算服务中最基础也最重要的一环。它向用户或组织提供了一整套虚拟化的计算资源，包括但不限于虚拟机、存储资源、网络设施以及操作系统等。通过IaaS，用户可以按需获取所需的基础设施资源，无须自己购买和维护硬件设备，从而大大降低了IT成本。

2. 平台即服务（PaaS，Platform as a Service）

PaaS为开发者提供了一个全球范围内的应用开发平台，它支持从开发、测试到运维管理的全生命周期服务。PaaS平台通常提供了丰富的开发工具和库，以及按需提供的开发环境，使得开发者能够更加高效地进行应用开发。此外，PaaS还提供了自动部署和运维管理的功能，进一步降低了开发成本和时间。

3. 软件即服务（SaaS，Software as a Service）

SaaS是通过互联网提供按需付费的软件应用服务。云计算提供商负责托管和管理软件应用，用户则可以通过全球互联网访问这些应用。SaaS模式使得用户无须自己安装和维护软件，只需通过浏览器或客户端即可使用所需的功能。这种服务模式不仅提高了软件的可用性和灵活性，还大大降低了用户的软件成本。

(二) 云计算的特性

云计算作为一种新兴的信息技术，以其独特的优势在各行各业中得到了广泛应用，以下是云计算的主要特性。

1. 虚拟化技术

虚拟化技术是云计算的核心之一，它突破了时间和空间的限制，使得用户能够随时随地进行数据备份、迁移和扩展等操作。虚拟化技术包括应用虚拟化和资源虚拟化两种，通过虚拟平台对相应终端进行操作，实现了物理平台与应用部署环境的分离。

2. 动态扩展能力

云计算具有高效的运算能力，能够在原有服务器基础上迅速增加云计算功能，从而实现动态扩展。通过虚拟化层次的动态扩展，云计算可以满足应用扩展的需求，确保计算能力的持续供给。

3. 按需配置资源

计算机中包含了多种应用和程序，不同应用需要不同的数据资源库。云计算平台能够根据用户的需求快速配置计算能力和资源，确保用户能够随时获取所需的服务。这种按需配置资源的特性使得云计算具有极高的灵活性和响应速度。

4. 高度灵活性

云计算的兼容性非常强，可以兼容低配置机器和不同厂商的硬件产品。通过将虚拟化要素统一放在云系统资源虚拟池中进行管理，云计算实现了资源的统一调度和优化利用。此外，云计算还支持外设高性能计算，进一步提高了系统的灵活性和可扩展性。

5. 高可靠性

云计算通过虚拟化技术和动态扩展功能，实现了单点服务器故障不影响整体计算和应用的正常运行。即使某个服务器出现故障，云计算也能通过其他服务器进行恢复或部署新的服务器进行计算，确保服务的连续性和稳定性。

6. 经济高效

云计算将资源统一纳入虚拟资源池进行管理，在一定程度上优化了物理资源的使用。用户无须购买昂贵的主机设备，只需通过廉价的 PC（个人计算机）组成云即可实现高性能计算。这种经济高效的特性使得云计算在各行各业中得到了广泛应用。

7. 可扩展性

云计算允许用户利用快速部署的应用软件来扩展已有业务和新业务。通过动态扩展功能，云计算可以确保任务的有序完成，并在虚拟化资源动态扩展的同时高效扩展应用。这种可扩展性使得云计算能够应对各种复杂场景和变化需求。

三、云计算对电子商务的影响

（一）强化电子商务应用的安全保障

随着企业规模的持续扩张，其所累积的信息资源日益丰富。网络技术的飞速发展使得企业各类数据得以有效保存，但与此同时，病毒与黑客的侵袭也日益猖獗，这对企业数据的安全存储构成了严峻挑战。因此，企业在信息安全方面的投入逐年增加。然而，云计算技术的引入为企业带来了转机，通过将数据存储在云端，企业能够享受到云服务商提供的专业、高效且安全的数据存储服务，从而有效缓解了因安全问题导致的数据丢失或被盗风险。

（二）提升电子商务应用的专业度与灵活性

云计算技术为企业提供了一种经济、可靠且专业的电子商务系统解决方案。其中，软件即服务（SaaS）作为云计算的一种重要服务类型，将软件以服务的形式提供给客户。企业作为客户端，只需安装网络浏览器，便能轻松高效地利用云计算提供的各类服务。这无疑极大地提升了企业电子商务应用的专业度和灵活性。

（三）实现超越普通计算环境的数据处理能力

云计算通过巧妙的调度策略，能够将数万乃至数百万台普通计算机联合起来，为用户提供超乎想象的计算能力。这使得用户能够完成单台计算机难以企及的任务。在"云"中，一旦提交计算请求，云计算模式便会根据实际需求调用云中的大量计算资源，从而提供强大的计算能力。这种计算速度的飞跃性提升，使得普通电商企业也能拥有强大的数据处理能力。

（四）优化电子商务应用的经济效益

构建电子商务系统需要配备大量的计算机和网络设备。为了满足日益增长的商务需求，企业还需定期更新这些设备。电子商务系统的建立成本高昂，且后期的开发和维护费用也相对较高。这对于资金有限的中小企业而言，无疑是一个沉重的负担，同时也难以满足快速成长的网络服务和商务应用需求。

然而，云计算在电子商务中的应用有效降低了企业电子商务系统的建立成本。企业无需再购买昂贵的硬件设备，也无须承担高额的维护费用。因为云计算能够提供信息技术基础架构，企业只需租用云端的设备即可。由此可见，云计算为企业电子商务的应用带来了显著的经济效益。

参 考 文 献

[1] 李再跃,王从辉,孙浩. 电子商务概论[M]. 3版. 北京:教育科学出版社,2022.

[2] 明小波. 电子商务运营基础[M]. 重庆:重庆大学出版社,2022.

[3] 李杏丽,李雅莉,崔振魁. 电子商务理论与实务[M]. 西安:西安交通大学出版社,2022.

[4] 王淑华,万亮. 电子商务运营实务[M]. 北京:北京理工大学出版社,2022.

[5] 陈雨,袁笑一. 电子商务数据分析[M]. 西安:西北工业大学出版社,2022.

[6] 吴清烈. 电子商务物流管理[M]. 南京:东南大学出版社,2022.

[7] 万守付. 电子商务生态系统构建与发展模式研究[M]. 北京:中国商务出版社,2021.

[8] 李明月,隋莉. "互联网+"背景下电子商务对国际经济贸易的影响研究[J]. 商展经济,
2022(4):51-53.

[9] 李祥霞,张莉,陈佩冬. "互联网+"背景下电子商务创新创业型人才的培养模式研究[J].
创新创业理论研究与实践,2022,5(10):121-123.

[10] 肖芳. "互联网+"时代下的电子商务研究[J]. 商业故事,2021(10):52-53.

[11] 王瑞娇. "互联网+"视角下的电子商务"价值经济"探讨[J]. 商情,2021(28):64,93.

[12] 申琦. "互联网+"背景下的电子商务人才培养策略研究[J]. 内蒙古煤炭经济,2021
(7):221-222.

[13] 许颖. "互联网+"背景下电子商务专业教学模式研究[J]. 商业文化,2021(11):
108-109.

[14] 孟夏. 互联网环境下中小企业电子商务发展策略探究[J]. 中外企业家,2021(7):140.

[15] 窦晖. 互联网时代电子商务与物流管理模式的优化研究[J]. 商业故事,2021(9):
13-14.

[16] 潘婧. 互联网时代电子商务与物流管理模式的优化[J]. 中国储运,2021(11):
174-175.

[17] 刘金标. 互联网背景下电子商务个性化推荐算法的设计与实现[J]. 汽车博览,2021
(22):232-233.

[18] 郑秀英. "互联网+"时代下的国际贸易创新研究[J]. 中国市场,2021(22):5-6.

[19] 林洁,樊林. "互联网+"时代背景下电子商务创新发展研究[M]. 哈尔滨:哈尔滨工业
大学出版社,2020.

[20] 田玉,王存,张芹娥. 电子商务与国际贸易发展研究[M]. 长春:吉林人民出版社,
2019.

[21] 刘桓. "互联网+"时代的电子商务研究[M]. 长春:吉林人民出版社,2019.

[22] 马莉婷. 电子商务概论[M]. 北京:北京理工大学出版社,2016.

[23] 刘红亚. "互联网+"时代电子商务创新研究[M]. 成都:电子科技大学出版社,2019.

[24] 刘哲,孟媚. 电子商务时代的新视觉[M]. 沈阳:辽宁美术出版社,2018.

[25] 于雷,刘庆志. "互联网+"时代的电子商务发展研究[M]. 北京:中国铁道出版社,2018.

[26] 胡永仕. 实体零售与网络零售融合发展:研究现状与愿望[J]. 中国流通经济,2020,34(7):25-33.

[27] 王宝义,邱兆林. 新零售迭代创新的理论分析与原型观照[J]. 当代经济管理,2020,42(8):10-17.